TOP
VOCABULARY
시험장 어휘 1546

탑보카 - 시험장 어휘1500

초판 1쇄 발행 | 2024년 12월 30일

편 저 자 | 김정호 (Tommy Kim)
펴 낸 곳 | (주)바른영어사
주　　소 | [16889] 경기도 성남시 분당구 느티로 16, 907호(젤존타워1)
등록번호 | 제2020-000136호
대표전화 | (02)817-8088 | 팩 스 (031)718-0580
홈페이지 | www.properenglish.co.kr
감　　수 | N.Buchan
인　　쇄 | 길훈 인쇄

이 책의 무단 전재 또는 복제행위는 저작권법 제97조의5에 의거, 5년 이하의 징역 또는 5,000만원의 벌금에 처하거나 이를 병과할 수 있습니다.

ISBN : 979-11-85719-34-4 (13740)
정가 15,800원

· 이 책에 실린 모든 내용에 대한 저작권은 바른영어사에 있으므로 함부로 복사·복제할 경우 형사처벌을 받습니다.
· 파본은 교환 환불해 드립니다.

바른영어흐름소
www.properenglish.co.kr

TOP VOCA
시험장 어휘 1500

PROPER ENGLISH 수능 · 공무원 · 토익 · 편입 영어

모든 영어시험 반드시 나오는 필수어휘 한번에 정리

활용법

#1 - 영어시험 대비, 단어 암기의 정석!

이 책은 단순한 어휘집이 아닙니다.
영어 시험장에서 실력을 극대화할 수 있도록 설계된 '**비교와 직관의 어휘 암기집**'입니다.

① 다의어
② 반의어
③ 유의어
④ 혼동하기 쉬운 어휘
⑤ 어근과 접사
⑥ 각종 시험 기출 & 필수 어휘

시험볼 때 꼭 헷갈리는 6가지의 테마로, 총 1,546개의 단어를 빠르게 비교하고 암기할 수 있도록 구성하였습니다.

설명을 최소화하고, 기억에 최적화된 구조로 단어를 나열해, 짧은 시간 안에 최대한의 효과를 볼 수 있도록 설계되었습니다.
(각 단어에 대한 자세한 설명은 유튜브에서 누구나 보실 수 있습니다)

#2 - 포켓 사이즈로 어디서든 함께하세요!

시험장에 가기 전, 단어장 한 권으로 끝내고 싶다면?
이 책은 한 손에 딱 들어오는 크기로 설계되어, 가방 속에서 부담 없이 꺼내 시험 직전에 훑어볼 수 있습니다.

시험 전 10분, 단어 한 바퀴로 자신감을 채우세요.

#3 - 유튜브 강의로 완벽 정리!

더 이상 혼자 애쓰지 마세요!
책에 수록된 1,546개의 단어는 모두 유튜브 강의로 제공됩니다.

약 3시간 이면, 시험장 필수어휘를 마스터할 수 있도록 쉽고 명쾌한 설명을 담아 완벽히 정리했습니다.

"3시간 강의 + 이 책 = 영어 시험 어휘 종결!"

#4 - 이 책, 이렇게 활용하세요!

① 시험 직전 복습용 : 시험장에 이 책을 들고 가 단어를 한 번 쭉 훑어보세요. 혼동하기 쉬운 어휘와 필수 기출어휘까지 빠르게 정리할 수 있습니다.
② 강의와 함께 학습 : 유튜브 강의를 들으며 책의 내용을 병행하세요. 비교 설명으로 단어가 기억에 남는 놀라운 경험을 하실 겁니다. (무한 반복 재생)
③ 일상 학습용: 크기가 작아 휴대가 간편하니, 틈날 때마다 펼쳐보세요. 매일 조금씩 반복하면, 시험장에서 단어가 술술 떠오릅니다.

단 하나의 어휘집으로 영어시험대비 끝내자!
시험 준비는 더 이상 부담이 아닙니다. "이 책 + 3시간 유튜브 강의"로 당신의 어휘력을 최대로 끌어 올리세요!
시험장에서 더 이상 헤매지 않도록, 지금 바로 이 책과 함께 하세요!

바른영어훈련소
www.properenglish.co.kr

Chapter 01 다의어

Chapter 02 반의어

Chapter 03 유의어

Chapter 04 혼동하기 쉬운 어휘

Chapter 05 어근과 접사

Chapter 06 기출 및 필수어휘

CHAPTER 01 다의어

001 account
계산, 계좌, 설명, 이유, 중요성, 고려 (할 만한 일), 비율을 차지하다 묘사, (외상)장부, 고객, 계정(이메일 등), 설명하다

- Short accounts make long friends.
  (계산이 빨라야 친구 사이가 오래 간다.)
- I'd like the balance on my account. (예금 잔고를 알고 싶은데요.)
- give a short account of (~을 간단히 설명하다)
- Why is the woman interested in the account?
  (왜 그 여자가 그 이유에 관심이 있는가?)
- a matter of great account (매우 중요한 일)
- Welders account for nearly 26 percent of our workforce.
  (용접공들은 우리 인력의 거의 26퍼센트를 차지한다.)

002 address
주소, 연설하다, 인사말, 구여, 연설, 명칭, 전달하다, 칭하다

- At the top, write your full name and address.
  (맨 위에 여러분의 이름과 주소를 적어 주십시오.)
- The speaker addressed the crowd in a manner that conveyed his self-confidence.
  (그 연사는 자신감에 찬 어조로 군중에게 연설했다.)

003 affect
~인체하다, ~에 영향을 미치다

- He affected not to see me. (그는 나를 못 본 체했다.)
- Do you think it will affect your job?
  (그것이 당신 일에 영향을 미칠 것이라고 생각합니까?)

01. 다의어

004 anxious — 걱정하는, 걱정스러운, 갈망하는

- As she is weak, she is always anxious about her health.
  (그녀는 몸이 약하기 때문에 항상 건강을 걱정하고 있다.)
  an anxious look (걱정스러운 얼굴)
- I am anxious to know the result of the test.
  (나는 그 시험의 결과를 알기 원한다.)

005 appreciate — 인식하다, 평가하다, 감상하다, 감사하다, ~의 가격을 올리다, 시세가 오르다, 제대로 알다

- I appreciate his desire that we should come to an early settlement. (조기 해결을 바라는 그의 갈망은 이해할 만하다.)
- The series was started two years ago to cater to those who wanted to appreciate musical performances.
  (이 시리즈는 뮤지컬 공연의 감상을 원하는 사람들을 위하여 2년 전에 시작되었다.)
- I appreciate your inviting me to breakfast.
  (아침 식사에 초대해 주셔서 고맙습니다.)
- Antique automobiles invariably appreciate in value.
  (오래 전에 나왔던 자동차들은 늘 값이 오른다.)

006 apprehend — 이해하다, 염려하다, 체포하다

- I apprehended that the situation was serious.
  (사태가 심각함을 깨달았다.)
- That is very much to be feared, or It is a matter much to be apprehended. (그럴 염려가 다분히 있다)
- The thief was apprehended. (도둑은 체포되었다.)

CHAPTER 01 다의어

007 attend — 참석하다, 주의하다 (to), 시중들다 (on)

- All employees are required to attend Thursday's staff meeting. (모든 직원들은 목요일 직원회의에 참석해야 한다.)
- You are not attending to my words. (너는 내 말을 건성으로 듣고 있다.)
- The nurses attended on the sick day and night.
  (간호사들은 밤낮으로 환자를 간호했다.)

008 ball — 볼 (공), 무도회

- The pitcher threw a bean ball at the batter.
  (투수가 타자에게 빈 볼을 던졌다.)
- They're attending a ball. (그들은 무도회에 참석하고 있다.)

009 bear — 곰, 운반하다, 나르다, 참다, 견디다, 지니다, 품다, 낳다, (열매 등을) 맺다

- The brown bear is small. (그 갈색 곰은 작다.)
- A voice was borne upon the wind. (목소리가 바람을 타고 들려왔다.)
- The rope will not bear the strain.
  (그 로프는 팽팽하게 당겨 놓으면 견디지 못할 것이다.)
- He bears me ill will. (그는 나에게 악의를 품고 있다)
- The orchard should bear a good crop this year.
  (그 과수원은 금년에 수확이 좋을 것이다.)

012 | PROPER ENGLISH

01. 다의어

010 **book** — 책, 예약하다
- a picture book (그림책)
- I have booked seats for the theater. (극장의 좌석을 예약해 두었다.)

011 **board** — 판, 널빤지, (기차, 비행기 등) 타다
- a board fence (판자로 된 울타리)
- Flight 964 for New York is now boarding at Gate 35. (뉴욕 행 964편은 현재 35번 탑승구에서 탑승이 진행되고 있습니다)

012 **bound** — 뛰다, 튀다, (열차 등이) ~행의, ~로 가는, 경계, 한계
- The ball bounded against the wall. (그 공은 벽에 맞아 튕겨 나왔다.)
- Is this ship bound for Incheon? (이 배는 인천행인가요?)
- bounds of heaven and earth (하늘과 땅의 경계)

013 **break** — 부수다, 휴식, (날이) 새다, 밝아오다
- It cannot break of itself. (그것이 어찌 스스로 부러지랴.)
- How[What] about taking a break? (잠깐 쉬는 게 어때요?)
- They continued the search as dawn broke. (날이 밝자 그들은 조사를 계속했다.)

CHAPTER 01 다의어

014 character — 특성, 인격, 성격, 등장인물, 문자, 서체

- Her appearance betrayed her character. (그녀의 겉모습은 그녀의 성격을 드러내 주었다. = 차림새만 봐도 그 여자의 성격을 알 수 있었다.)
- Those characters have no place[existence] in history. (그런 인물은 역사상 존재하지 않는다.)
- To me, the structure of each written character is beautiful and balanced. (내게는, 각각의 쓰여진 글자 구조가 아름답고 균형을 이루는 것 같아.)

015 class — 계급, 계층, 수업

- the classes and masses (상류 계급과 일반대중, 사회전체)
- How many classes do you have each day? (하루에 수업은 얼마나 많이 있습니까?)

016 command — 명령하다, 지배하다, (말을) 자유자재로 구사하다, (장소가) ~을 내려다 보다

- You may command my services. (무슨 일이든 분부만 내려주십시오.)
- Those who have command of the seas have control of the world. (바다를 지배하는 자가 세계를 지배한다.)
- He has a good command of English. (그는 영어를 자유자재로 구사한다.)
- The hill commands a fine prospect. (그 언덕은 조망이 좋다.)

017 company — 친구, 동석, 손님, 회사

- A man is known by the company he keeps.
  (한 사람은 자기가 사귀는 친구에 의해 알려진다.)
  I don't like company. / We've got company.

- The company instructed him of his dismissal.
  (회사는 그에게 해고를 통고했다.)

018 compose 구성하다, 짓다, 작곡하다, 가라앉히다

- The troop was composed of American soldiers.
  (그 부대는 미국인 병사들로 구성되어 있었다.)
- Beethoven composed nine symphonies throughout his life. (베토벤은 그의 일생 동안 9개의 교향곡을 작곡했다.)
- compose a dispute (분쟁을 가라앉히다, 조정하다)

019 conductor 안내자, 지도자, (열차 등) 차장, (열, 전기) 도체

- The conductor directs the orchestra.
  (지휘자가 오케스트라를 지휘하고 있다.)
- This layer is made so that wearers can't see or feel the conductors. (이 층은 착용자가 전도체를 보거나 느낄 수 없도록 만들어 졌다.)

020 content 만족, 내용, 알맹이, pl. (서적 등의) 목차, 만족스러운, 만족시키다

- We were neither of us content with the result.
  (우리는 어느 쪽이나 그 결과에 만족하지 않았다.)
- Click Yes to save the contents. (내용을 저장하려면 '예'를 누르십시오.)
- a table of contents (목차, 차례)

CHAPTER 01 다의어

021 contract
계약을 맺다, 계약(서), 수축(축약)하다, (질병에) 걸리다

- I'm pleased to tell you that your temporary contract has been extended for another 90 days.
  (귀하의 임시직 계약이 90일 더 연장되었음을 알려 드리게 되어서 기쁩니다.)
- When gold cools, it does not contract as much as other metals do. (금은 차가워져도 다른 금속들만큼 수축하지 않는다.)
- contract [get, catch] cold (감기에 걸리다)

022 convention
회의, 관습, 인습

- Are you going to the publisher's convention this year?
  (올해 출판인 회의에 갈 거예요?)
- Convention prescribes that we (should) wear black at a funeral. (관례로 장례식에서는 상복을 입게 되어 있다.)

023 count
세다, ~으로 간주하다 (as), 중요성을 지니다, 의지하다, 믿다 (on)

- Let's count! (함께 수를 세어 봐요!)
- This picture counts as a masterpiece. (이 그림은 걸작으로 간주된다.)
- If his facts are true, that is all that counts.
  (그가 쓴 사실들이 진실이라면 그것이 가장 중요한 것이다.)
- I always know I can count on you.
  (당신은 믿을 만한 사람이라고 늘 생각했어요.)

01. 다의어

024 **court** — 법정, 재판, (스포츠) 코트, 구애하다, 궁정, 궁궐

- Where is the Federal Court? (연방 법원이 어디에 있죠?)
- We have a sauna, a multigym, and three basketball courts. (우리는 사우나 시설과 다목적 체육관, 그리고 세 개의 농구 코트를 보유하고 있습니다.)

025 **critical** — 비평(가)의, 비판적인, 위기의, 결정적인, 중요한

- critical essays (평론)
- Reviews of the movie were critical of the script, but not of the performances. (영화 평들이 시나리오에 대해서는 비판적이었지만, 연기에 대해서는 그렇지 않았다.)
- He was wounded and in a critical condition. (그는 부상을 입어 중태에 빠졌다.)
- The political situation has now reached a critical stage. (정국은 마침내 중대한 상황에 이르렀다.)

026 **degree** — 정도, 도, 학위

- They cooperated, to a degree. (그들은 어느 정도까지는 협력했다.)
- Clear skies this morning with temperatures around 45 degrees. (오늘 아침은 45도 가량의 맑은 하늘이 되겠습니다.)
- And what are your plans after you get your degree? (그럼 학위를 받은 후에는 무엇을 하실 계획인가요?)

CHAPTER 01 다의어

027 decline
거절하다, 기울다, 아래로 향하다, 쇠퇴하다, 쇠퇴기

- The FBI officials declined to be more specific.
  (FBI 당국자들은 더 구체적으로 밝히기를 거부하였다.)
- The clothing industry is on the decline. (의류 산업은 쇠퇴기에 있다.)

028 deliver
배달하다, 전하다, 아이를 낳다, (의견) 말하다, 설교하다, 연설

- Everyday I deliver letters and parcels.
  (매일 나는 편지와 소포를 배달한다.)
- She delivered a healthy girl after a long labor.
  (그녀는 오랜 산고 끝에 건강한 딸을 낳았다.)
- The preacher delivers a sermon every Sunday.
  (목사는 매주 일요일 설교를 한다.)

029 develop
발전시키다, 전개하다, (증상) 나타내다, (사진) 현상하다, 커지다, 생겨나다, 개발하다

- They developed their natural resources.
  (그들은 그들의 천연자원을 개발했다.)
- He developed cancer. (그는 암 증상을 보였다.)
- develop a roll of film (필름 한 통을 현상하다)

030 direct
지도(감독)하다, 똑바른, 직접의, 방향을 가리키다

- Jones directed my graduate work.
  (존스 교수가 나의 대학원 연구를 지도해 주셨다.)
- Air dry away from direct heat. (직접적인 열을 피해 공기로 건조시킨다.)

01. 다의어

031 **domestic** — 가정의, 가정적인, 국내의

- Her husband is very domestic. (그녀의 남편은 매우 가정적이다.)
- Domestic public opinion has turned against the war.
  (국내의 여론은 반전으로 돌아섰다.)

032 **due** — 만기가 된, 지급 기일이 된, 정당한, ~할 예정인, 도착 예정인, 탓이다

- The bill is due. (그 어음은 지급 만기가 되었다.)
- a due reward for the work (그 일에 대한 응분의 대가)
- He is due to speak here. (그는 이곳에서 강연할 예정이다.)
- Due to repeated delay, passengers were very upset.
  (반복된 지연 탓에, 승객들은 굉장히 화가 났다.)

033 **end** — 끝, 목적, 끝나다, 끝내다

- The bathroom is on the right at the end of the passage.
  (화장실은 복도 끝 오른쪽에 있다.)
- The end of society is the common welfare.
  (사회의 존재 목적은 공공의 복지에 있다.)

034 **face** — 얼굴, 맞서다, 직면하다

- The child screamed itself red in the face.
  (어린애가 얼굴을 새빨갛게 하고 울어 댔다.)
- She had the courage to face the two men alone.
  (그녀는 용감하게도 혼자서 두 남자에게 맞섰다.)

CHAPTER 01 다의어

035 fair
공정한, 상당한, 살결이 흰, 아름다운, 박람회, 장날

- We won the game by fair means. (우리는 공정한 수단으로 게임에 이겼다.)
- He has a fair amount of sense. (그는 어지간히 이해력이 좋다.)
- Repeated exposure to sunlight increases the risk of skin cancer, especially if you have fair skin. (계속해서 태양 광선에 노출될 경우 피부암에 걸릴 확률이 커지는데, 살결이 흰 사람은 특히 위험합니다.)
- Faint heart never won a fair lady. (배짱이 없으면 미인을 차지하지 못한다.)
- How long is the fair? (박람회 기간은 얼마동안인가?)

036 figure
숫자, 수치, 모양, 사람의 모습, 몸매, 인물, 거물

- There has been a gradual improvement in our sales figures over the last two years.
  (지난 2년 동안 우리의 판매고는 차차 증가되어 왔다.)
- be square in figure (모양이 사각형이다)
- She has a well-proportioned figure. (그 여자는 팔등신이다.)
- He is one of the leading figures in our political circles.
  (그는 정계의 중진이다.)

037 fine
훌륭한, 미세한, 벌금, 벌금을 물리다, 날씨 좋은, 상태가 양호한

- He has a fine villa. (그는 훌륭한 별장을 갖고 있다.)
- fine powder (고운 가루)
- He was fined 100 dollars for a parking fine.
  (그는 주차 위반으로 100달러의 벌금에 처해졌다.)

01. 다의어

038 fire — 불, 해고하다, 발사하다

- The fire was started by a short circuit. (화재는 누전으로 일어났다.)
- If you lie down on your job, you will be fired sooner or later. (근무를 태만히 하면 조만간에 해고당할 것이다)
- He fired small shot at the birds. (그는 새에게 산탄을 쏘았다.)

039 free — 자유로운, 허락받은, ~이 없는, 공짜인, 한가한, 속박에서 벗어난

- a free economy (자유 경제)
- All students are free to use the pottery lab on Saturdays from 10 until 5. (모든 학생들은 매주 토요일 10시부터 5시까지 도예 연구실을 무료로 사용할 수 있습니다.)
- Although the product seemed free of defects, it was, in fact, unusable. (그 제품은 아무 하자가 없어 보였지만, 실은 쓸모가 없었다.)
- a free ticket, free of charge, free meal

040 game — 유희, 놀이, 오락, 경기, 사냥, 사냥감

- In 1866, America's favorite pastime was the game of billiards. (1866년에 미국인들이 가장 좋아하는 취미 활동은 당구였다.)
- a called game (중단 경기)
- We shot twenty head of game. (사냥에서 짐승 20마리를 쏘아 잡았다.)

CHAPTER 01 다의어

041 **good**   선 (善), 이익, (~s) 상품, 좋은, 알맞은, 충분한, 유효한

- The highest good consists in humility. (최고의 선은 겸양에 있다.)
- Who's going to get any good out of this?
 (누가 여기서 무슨 이익을 얻으려고 생각하겠나?)
- The goods have been consigned to you by air.
 (물품은 항공편으로 당신에게 탁송했습니다.)
- A good beginning makes a good ending. (시작이 좋으면 끝도 좋다.)
- This water is good to drink. (이 물은 마시기에 적합하다.)
- A good night's sleep will make you feel better.
 (충분한 밤 수면은 당신을 더 기분 좋게 해 줄 것입니다.)
- This voucher will hold good until the end of this month.
 (이 상품권은 이달 말까지 유효합니다.)

042 **grave**   무덤, 중대한, 근엄한

- His grave was covered with the grass.
 (그의 무덤은 풀로 덮여 있었다.)
- The unemployment problem has come to assume a grave aspect. (실업문제가 심각해졌다.)

043 **hail**   우박, 빗발치듯 퍼붓다, 환호하며 맞이하다, 큰소리로 부르다

- Hail is falling in the park. (우박이 공원에 떨어지고 있다.)
- Bullets hailed (down) on the troops.
 (총알이 그 부대에 빗발치듯 떨어졌다.)
- We hail the new provisions. (우리는 새 법조항을 기꺼이 환영한다.)

01. 다의어

044 hang — 걸다, 교수형에 처하다

- Hang your cap on the hook. (모자를 모자걸이에 걸어라.)
- condemn a person to be hanged (~에게 교수형을 선고하다)

045 hold — 쥐다, 생각하다, 주장하다, 유지하다, 개최하다, 효력이 있다

- hold a sword by the hilt (칼의 손잡이를 쥐다)
- Plato held that the soul is immortal.
  (플라톤은 영혼은 불멸하다고 생각했다.)
- Hold your head straight a second.
  (잠시 동안 머리를 반듯이 하고 있으시오.)
- Court is to be held tomorrow. (내일 공판이 있을 예정이다.)
- The rule does not hold in this case.
  (그 규칙은 이 경우에는 적용되지 않는다.)

046 industry — 산업, 공업, 근면

- the industry for domestic demand (내수 산업)
- Poverty is a stranger to industry. (부지런히 일하면 가난이 없다.)

047 interest — 관심, 중요성, 이익, 이자, 흥미

- arouse the interest of the audience (청중의 흥미를 불러일으키다)
- a matter of primary interest (가장 중요한 일)
- What is the rate of interest for postal savings?
  (우편 예금의 이자는 얼마입니까?)

CHAPTER 01 다의어

048 issue
발행, (출판물의) ~호, 문제, 쟁점, 화제, 발행하다, 발부하다

- You will receive a bill for $38 for 11 more issues.
(당신은 앞으로 더 받게 될 11권의 구독료 38달러에 대한 청구서를 받게 될 것입니다.)

- The issue was constantly on the king's mind.
(그 문제는 끊임없이 왕의 마음에 걸렸다.)

049 jam
교통마비, 잼

- Construction has caused a traffic jam.
(공사 때문에 교통 체증이 생겼다.)

- boil fruit down into jam (과일을 조려 잼을 만들다)

050 labor
노동, 산고

- She worked for women's rights, labor reforms, and other progressive causes.
(그녀는 여권과 노동 개혁, 그리고 기타 진보적인 대의를 위해 일했다.)

- painless labor (무통 분만)

051 last
마지막의, 최근의, 결코 ~할 것 같지 않은 (last + 수식어), 계속되다

- He was the last man to leave the room.
(그가 마지막으로 그 방에서 나갔다.)

- He is the last person to deceive you.
(그는 결코 당신을 속일 사람 같지는 않다.)

- How long will this fine weather last?
(이 맑은 날씨는 언제까지 지속될까?)

01. 다의어

052 **leave** — 휴가 (be on leave), 떠나다, 남겨두다

- They had a two weeks' leave. (그들은 2주간의 휴가를 얻었다.)
- The pain left him for a time. (그의 고통은 잠시 사라졌다.)
- Leave your personal effects in the locker.
  (소지품은 로커에 넣어주시오.)

053 **long** — 긴, 장황한, 따분한 (시간, 길이), 열망하다 (long for + 명사, long to + 동사)

- a long journey (장거리 여행)
- She longed for him to say something.
  (그녀는 그가 무슨 말을 해 주기를 간절히 바랐다.)

054 **major** — 대부분의, 전적인, 주요한, 전공의, 과반수의, (음악에서) 장조, 주된

- Didn't you hear about the major renovations they did six months ago? (6개월 전에 완전히 개장했다는 소리 못 들었어요?)
- It's valid only in six major cities.
  (보험이 주요 도시 여섯 곳에서만 유효하더군요.)
- What did you major in at the university?
  (대학에서 무엇을 전공하셨습니까?)
- A major part of the students prefer long summer vacation.

CHAPTER 01 다의어

055 manual — 손의, 수동식의, 소책자

- Unlike manual steering, power steering does not really return to the midpoint.
  (수동 핸들과는 달리 파워 핸들은 (돌리고 나서) 핸들이 중앙으로 되돌아가지 않습니다.)
- Where do you keep the computer manuals?
  (컴퓨터 사용 안내 책자는 어디에 두시나요?)

056 mean — 의미하다, 뜻하다, 비천한, 비열한, 못된, 중간의, 수단, 도구 (means), 재력, 재산 (-s), 의도하다

- Tell me the meaning of this word. (이 단어의 의미를 말해다오.)
- He played a mean trick on me. (그는 나에게 비열한 술책을 썼다.)
- a man of mean stature (중간키의 남자)
- Television is a powerful means of diffusing knowledge.
  (텔레비전은 지식을 퍼뜨리는 강력한 도구이다.)
- a man of means [wealth] (재력 있는 사람)

057 meet — 만나다, 마중하다, 충족시키다(= satisfy) - 목적어로 주로 need, standard, requirement 등

- I met the lady by chance. (나는 우연히 그 부인을 만났다.)
- meet travelers at a railroad station (역에서 여객을 마중하다)
- meet a person's wishes (남의 희망을 충족시켜 주다)

01. 다의어

058 mind — 마음, 꺼리다, 신경 쓰다

- A sound mind in a sound body.
  (건전한 신체에 건전한 정신이 깃든다.)
- Do you mind if I smoke? - No, not at all.
  (담배 피워도 괜찮겠어요? – 네, 피우세요.)
- Mind your own business. (당신 일이나 신경 쓰세요.)

059 moment — 순간 (momentary), 중요성 (momentous)

- I have a moment of confusion. (나는 당황할 때가 있다.)
- This case is of high moment. (이 사건은 매우 중요하다.)

060 monitor — 충고자, 반장, 모니터, 감시하다

- a class monitor (학급의 반장)
- I looked at the monitor for so long that my eyes started to hurt. (나는 너무 오래 모니터를 봤더니 눈이 아프기 시작했다.)
- Richard, sorry, but I have to stay here and monitor the stocks. (리차드씨, 미안하지만 나는 여기 있으면서 주식 시황을 살펴야 합니다.)

061 move — 움직이다, 감동시키다, 이사하다, 제안하다

- The child moved uneasily in his sleep.
  (아이는 잠을 자면서 거북한 듯이 몸을 뒤척거렸다.)
- be moved to tears (감동해 눈물을 흘리다)
- move to the country (시골로 이사하다)
- I move that we adjourn. (휴회를 제안합니다.)

CHAPTER 01 다의어

062 name
이름, 명의, 명성, 명명하다, 이름붙이다; 지정하다

- Democracy is only a name in that country.
  (민주주의는 그 나라에서는 이름뿐이다.)
- They named the ship Queen Mary.
  (그들은 그 배를 퀸 메리라 이름 지었다.)

063 object
물건, 대상, 목적, 반대하다, 이의를 가지다 (object to + 명, 대명, 동명사)

- a distant object (먼 곳에 있는 것)
- an object of study (연구 대상)
- her object in visiting Rome (그녀의 로마 방문 목적)
- I objected that his propose was impracticable.
  (그의 제안은 실행이 불가능하다고 반대하였다.)

064 odd
남는, 나머지의, 홀수의, 이상한

- odd change (거스름돈)
- an odd number (홀수)
- It's odd you don't know it. (네가 그것을 모르다니 이상하다.)

065 odds
차이, 승산, 가망성

- Death makes the odds all even. (죽음은 모든 것을 평등하게 한다.)
- The odds are fifty-fifty. (이길 확률은 반반이다.)

01. 다의어

066 **opening** — 열린 구멍, 취직자리, 시작의

- an opening in the wall (벽의 벌어진 틈)
- There are no openings for clerks. (거긴 점원으로 일할 빈자리가 없다.)
- Who's giving the opening speech? (개회사는 누가 하나요?)

067 **operation** — 가동, 작동, 운전, 운영, 작전, 수술

- The operation of this machine is quite simple.
  (이 기계의 조작은 아주 간단하다.)
- The locker room and shower will still be operating to accommodate the other sports activities that will remain in operation.
  (그러나 탈의실과 샤워장은 계속 운영될 여타 체육활동을 위하여 개방될 것입니다.)
- After the operation, walking is the only physical activity the doctor would allow her to do.
  (수술 후 의사가 그녀에게 허락한 유일한 신체활동은 보행이었다.)

068 **order** — 질서, 순서, 명령, 주문

- put one's ideas into order (생각을 정리하다)
- in (the) order of application (신청 순으로)
- I gave orders that it (should) be done. (나는 그것을 하라고 명령했다.)
- an order of fruit salad (과일 샐러드 1인분을 주문)

CHAPTER 01 다의어

069 own
자기 자신의, 소유하다, 자기 자신의 것, 인정하다, 자백하다

- That's my own affair. (그것은 네가 알 바 아니다.)
- Who owns this land? (이 땅은 누구 소유인가?)

070 palm
야자수, 손바닥

- The palm trees were beautiful. (야자수는 아름다웠다.)
- She held it out to him upon her open palm.
  (그녀는 그것을 손바닥 위에 얹어서 그에게 내보였다.)

071 party
모임, 파티, 당사자, 한쪽 편, 정당, 일행

- a cocktail party (칵테일파티)
- party defeated (패소당한 측)

072 pay
지불하다, 이익이 되다, 득이 되다, 보답하다

- I paid him ten dollars. (나는 그에게 10달러를 지불했다.)
- This work doesn't pay. (이 일은 수지가 안 맞는다.)
  Honesty pays in the end. (정직이 결국 득이 된다.)

01. 다의어

073 **perform** 이행하다, 실행하다, 연기하다, 공연하다

- The young doctor performed a heart surgery.
  (그 젊은 의사는 심장 수술을 했다.)
- What kind of music is he going to perform?
  (그가 어떤 장르의 음악을 연주하는데?)

074 **pick** 줍다, 집다, 차로 마중 나가다, 꺾다, 따다, 발탁하다

- He's bending down to pick up the case.
  (그는 가방을 집으려고 허리를 굽히고 있다.)
- He agreed to pick us up at the beach.
  (그는 바닷가로 우리를 데리러 오겠다고 했다.)
- I picked cherries from the tree. (나는 나무에서 체리를 땄다.)
- It's sure going to be difficult to pick a winner.
  (우승자를 결정하기 어렵겠는데요.)

075 **plant** 식물, 공장, 발전소, 심다

- cabbage plants (양배추의 모종)
- a waterpower plant (수력 발전소)
- Flowers have been planted on the graves.
  (꽃들을 무덤에 심어 놓았다.)

CHAPTER 01 다의어

076 plate — 접시, 판, ~도금하다

- The child finished the food on his plate.
  (그 아이는 접시의 음식을 다 먹어 치웠다.)
- Is this pure[solid] gold or only plated?
  (이것은 순금입니까, 그렇지 않으면 금을 입힌 것입니까?)

077 present — 발표하다, 소개하다, 증정하다, 제공하다, 선물, 현재의, 출석한

- Allow me to present my wife to you.
  (당신에게 제 아내를 소개하고자 합니다.)
- They presented a watch to him. (그들은 그에게 시계를 증정했다.)
- We were given a lot of china as wedding presents.
  (우리는 결혼 선물로 많은 도자기를 받았다.)
- Content yourself with the present state.
  (현재의 상태에 스스로 만족해라.)

078 press — 누르다, 다리미질하다, 신문, 언론 (the press ; 기자단)

- To repeat this message, press five.
  (메시지 반복 청취는 5번을 누르십시오.)
- press the wrinkles out (다리미로 주름을 펴다)
- There wasn't much news released at the press conference this afternoon. (오늘 오후의 기자회견에서 많은 뉴스가 없었다.)

01. 다의어

079 **pressing** 긴급한, 간청하는

- Pressing business matters prevented him from taking a holiday. (긴급한 사업상 문제가 그의 휴가를 막았다.)
- They are pressing for a cut in working hours. (그들은 근로 시간의 단축을 요구한다)

080 **principal** 주요한, 장, 교장

- He committed the offense as the principal. (그 사람이 원범이다.)
- My uncle is a high school principal. (우리 삼촌은 고등학교 교장이다.)

081 **pronounce** 발음하다, 선언하다

- How do you pronounce this word? (이 단어는 어떻게 발음합니까?)
- I now pronounce you, husband and a wife. (나는 지금 당신들이 부부가 되었음을 선언합니다.)

082 **property** 재산, 특질, 소유지, 성질

- She inherited the property from her uncle. (그녀는 삼촌의 재산을 상속했다.)
- the properties of a chemical compound (화학 화합물의 여러 특성)
- How much did the property sell for? (그 땅은 얼마에 팔렸어요?)

CHAPTER 01 다의어

083 **purpose** — 목적, 취지, 의도하다, ~할 작정이다

- I did it on purpose. (나는 의도적으로 그것을 했다.)
- I purpose that it shall never occur again.
  (나는 그런 일이 다시는 일어나지 않도록 하겠다.)

084 **race** — 경주, 인종

- He exerted himself to win the race.
  (그는 경주에 이기기 위해서 진력했다.)
- a race riot (인종 폭동)

085 **raise** — 올리다 (raise money, fund-raising), (임금) 인상, 기르다

- Raise your right hand. (오른손을 드시오.)
- He is growing[raising] fruit. (그는 과일을 재배하고 있다.)

086 **rate** — 비율, 가격, 요금, 속도, 등급

- a birth rate (출생률)
- a telephone rate (전화요금)
- at the rate of 60 miles an hour (시속 60마일의 속도로)
- a ship of the first rate (1급 선박) / X-rated film
  (미성년자 관람불가 영화)

01. 다의어

087 **relate** — 관련시키다, 이야기하다

- He relates the accident to his mistake.
  (그는 그 사고를 자기 실수와 결부시킨다.)
- He related the adventures of his youth.
  (그는 젊은 시절의 모험담을 이야기했다.)

088 **relative** — 비교상의, 친척

- Beauty is relative. (미는 상대적인 것이다.)
- I spent some time with my relatives yesterday.
  (나는 어제 친척들과 얼마만의 시간을 보냈다.)

089 **resume** — 되찾다, 다시 시작하다, 이력서 [뤠주메이], 재개, 재계약

- resume one's liberty (자유를 회복하다)
- Resume delivery on Monday, please.
  (월요일에 배달을 다시 시작해 주세요.)
- Most resumes are read for no more than a few seconds.
  (대부분의 이력서는 불과 수초 내에 읽혀진다.)

090 **room** — 방, 공간, 여지, 여유, 능력, 재능

- There came into the room a beautiful lady.
  (아름다운 여인이 방 안으로 들어왔다.)
- There is much room for consideration. (고려할 여지가 충분히 있다.)
- I have no room for linguistics. (나는 언어학에 재능이 없다)

CHAPTER 01 다의어

091 run
달리다, (액체) 흐르다, (기계) 작동하다, 운영하다, (영화, 연극 등이) 공연되다, 입후보하다 (직책을 위하여 달리다 run for + 직책)

- He runs as fast as you (run). (그는 너만큼 빨리 뛴다.)
- run at the nose (콧물을 흘리다) / runny nose
- This watch does not go[run]. (이 시계는 움직이지 않는다)
- My father runs[bosses] the show in my house.
  (우리 집에서는 아버지가 모든 것을 좌우하신다.)
- The play ran two months. (그 연극은 2개월 동안 계속 공연되었다.)
- At age 45, he decided to run for a political office.
  (45살의 나이에 그는 정치공직을 차지하기 위하여 출마하기로 결정하였다.)

092 save
구하다, 저축하다, 모으다, 절약하다, ~제외하고

- What can we do to save the earth?
  (지구를 구하기 위해 우리가 무엇을 할 수 있나요?)
- Just try to save something from every paycheck, even if it's only 20 dollars. (급여 받을 때마다 단 20달러라도 저축하면 되잖아요.)
- He was portrayed as a weak leader with no visible assets, save his ability to defy repeated calls for his resignation.
  (그는 거듭되는 사임 요구를 물리치는 수완 외에는 남달리 뛰어난 능력이 없는 무능한 지도자로 비추어졌다.)

093 scale
(동물) 비늘, 저울, 눈금, 척도, 규모, 등반하다

- Have you seen the scale of a snake? (뱀의 비늘을 본 적이 있니?)

01. 다의어

- a map drawn to a scale of one to fifty thousand (축척 5만분의 1의 지도)
- He does business on a large scale. (그는 대규모로 사업을 한다.)

094 school — 학교, 유파, 학파, (물고기 등의) 떼, 어족

- The high school counselor advised that she look at many schools. (고등학교의 상담교사는 여러 학교를 살펴보라고 충고했다.)
- the romantic school (낭만파)
- a school of fish (물고기 떼)

095 score — 득점, 점수, 악보, (숫자) 20

- the average score (평균점)
- a film score (영화 음악)
- He died about a score of years ago. (그는 약 20년 전에 죽었다.)

096 scramble — 기어오르다, 긁어모으다 (음식물을 휘저어가며 조리하다 ; scrambled egg), 다투다

- There were a lot of people waiting to scramble aboard the small boat. (그 작은 배에 기어오르려고 기다리는 사람이 많이 있었다.)
- He scrambled the papers up on the desk.
  (그는 허겁지겁 책상 위의 서류를 긁어모았다.)
- They scrambled after promotion in the office.
  (그들은 회사 안에서의 승진을 서로 다투었다.)

CHAPTER 01 다의어

097 seal — 바다표범, 물개, 봉인, 봉하다

- Seals are awkward on land but graceful in the water.
  (바다표범은 육지에서는 꼴사납지만 물속에서는 우아하다.)
- My lips are sealed. (내 입은 봉해졌습니다. – 나는 비밀은 지킵니다.)

098 second — 초, 두 번째의, 지지하다

- Just hold down the 'alarm set' button for three seconds until you hear a beep.
  (삐 하는 소리가 들릴 때까지 3초 정도 '알람 설정' 버튼을 누르세요.)
- goods of the second grade (2등품) / second to none (둘째가라면 서러운)
- She seconds a bill. (그녀는 법안에 찬성했다.)

099 sensational — 선풍적 인기의, 선정적인, 지각의

- You look sensational in that black dress!
  (검정 옷을 입으니 놀라워 보이는구나!)
- sensational novel (선정적인 소설)

100 sentence — 문장, 판결, 선고하다

- Keep your sentences on the short side.
  (문장은 짤막하게 쓰는 것이 좋다.)
- He was given a one-year jail sentence suspended for two years. (그는 징역 1년에 집행 유예 2년을 선고받았다.)
- He was sentenced for perjury. (그는 위증죄의 판결을 받았다.)

101 **shift**　변속하다, 방향을 바꾸다, 이동하다, 교체

- shift to low speed (저속(低速)으로 바꾸다)
- She shifted about for many years.
  (그녀는 여러 해 동안 여기저기 옮겨 살았다.)
- What do I do with the key when I'm ready to end my shift?
  (교대 근무를 끝낼 준비가 되면 열쇠를 어떻게 해야 하죠?)

102 **solution**　용액, 해결

- This solution is composed of water and sodium.
  (이 용액은 물과 소금의 혼합물이다.)
- I think we can hammer out a solution.
  (우리는 해결책을 짜낼 수 있으리라 나는 생각한다.)

103 **sound**　소리, 들리다 (sound + 형용사, sound like + 명사), 건전한, (잠이) 깊은

- A microphone is used to magnify small sounds or to transmit sounds. (확성기는 소리를 확대하거나 전달하는 데 쓰인다.)
- The name sounds familiar to me. (그 이름은 내게 친숙하게 들린다.)
- The boy's basic policy is sound. (그 남자아이의 기본 방침은 건실하다.)
- wake up from a sound sleep (단잠이 들다)

104 **spot**　점, 지점, 발견하다

- This is a black spot for traffic accidents.
  (이곳은 교통사고 다발 지점이다.)
- spot a restaurant run by a Korean
  (한국 사람이 경영하는 음식점을 찾아내다)

CHAPTER 01 다의어

www.properenglish.co.kr

105 **stable** — 마구간, 안정된 (stability , unstable)

- The keys are in the stable. (열쇠들이 마구간 안에 있다.)
- His blood pressure is now stable. (그의 혈압이 이제는 안정이 되었다.)

106 **stain** — 얼룩, 더럽히다, 때

- I tried to get this stain out, but it didn't come out.
  (이 얼룩을 빼려고 했지만 안 빠진다.)
- Don't stain your parents' reputation[good name].
  (부모 얼굴에 먹칠을 할 짓은 하지 마라.)

107 **stick** — 막대기, 지팡이, 찌르다, 내밀다, 달라붙다, 고수(고집)하다

- a laundry stick (빨랫방망이) / walking stick (지팡이)
- A needle sticks in my shirt. (바늘이 내 셔츠에 꽂혀 있다.)
- If the air is humid, the particles stick to moisture droplets and form haze.
  (공기가 습하면 입자들은 물방울에 들러붙어 연무가 발생합니다.)
- I will stick by my previously established terms.
  (나는 내가 예전에 세워둔 조건을 고수할 것이다.)

바른영어훈련소 　　　탑보카 시험장어휘

01. 다의어

108 still
조용한, 움직이지 않는, 아직도, 그럼에도 불구하고, 훨씬 (비교급 강조), 여전히, 고요한

- The night was very still. (밤은 아주 고요했다.)
- Still waters run deep. (잔잔한 물이 깊다.)
- His words still linger[are still ringing] in my ears. (그의 말소리가 아직도 귀에 쟁쟁하다.)
- He is old,(and) still he is able. (그는 늙었지만 그래도 아직 유능하다.)
- Rabbits are still faster than turtles. (토끼는 거북보다 훨씬 빨라요.)

109 stock
주식, 저장, 축적, 재고, 비축하다

- This is probably a good time to start buying stocks. (지금이 주식을 매입하기에 적기인지도 몰라요.)
- The stocks are in short supply. (품귀 상태이다.)

110 strip
(천, 널빤지 등의) 가늘고 긴 조각, (껍질, 겉옷 등을) 벗기다

- slit wood into strips (나무를 몇 갈래로 가느다랗게 쪼개다)
- They stripped him and searched his pockets. (그의 옷을 벗겨서 호주머니를 조사했다.)

111 stuff
재료, 속, ~(을) 채우다, 물건, 물질, 재료, 속

- Before long, this stuff is going to be worth something. (머지않아 이 물건은 제값을 할 거다.)
- Night trains are generally stuffed with passengers in summer. (여름에 밤 열차는 대체로 만원이다.)

CHAPTER 01 다의어

112 subject
주제, 과목, 백성, 복종시키다, 지배를 받는, 받기 쉬운, 피실험자

- He went into the subject only skin-deep.
  (그는 수박 겉핥기로만 그 주제를 연구했다.)
- We learn many subjects in school.
  (우리는 학교에서 여러 과목을 배웁니다.)
- The king ruled over the subjects with justice.
  (왕은 백성을 공정하게 통치했다.)
- subject a nation to one's rule (국민을 자기의 지배하에 두다)
- Prices are subject to variation. (가격은 변동될 수 있습니다.)

113 succeed
성공하다, 계승하다, 잇다

- He is sure to succeed. (그가 성공할 것은 확실하다.)
- Elizabeth succeeded Mary as Queen.
  (엘리자베스가 메리의 뒤를 이어 여왕이 되었다.)

114 suspect
~라고 생각하다, 용의자

- The police held him as a prime suspect in the crime.
  (경찰은 그를 그 범죄의 주 용의자로 여겼다.)
- The government attempted to extradite the terrorist suspect. (정부는 테러 용의자를 추방하려고 했다.)

01. 다의어

115 swallow — 삼키다, 제비

- Swallow your medicine! (약을 삼켜라!)
- One swallow does not make a summer.
  (제비 한 마리가 왔다고 여름이 오는 것은 아니다.)

116 teach — 가르치다, 벌주다

- He teaches sculpture at an art school.
  (그는 예술 학교에서 조각을 가르친다.)
- I will teach you to tell a lie.
  (거짓말하면 어떻게 되는지 따끔한 맛을 보여주겠다.)

117 tear — 눈물 [티이어-ㄹ] (복수로 사용됨), 찢다 [테에어-ㄹ] (tore / torn)

- Her eye were full of tears. (그녀의 눈은 눈물로 가득 차 있었다.)
- This material tears easily. (이 물건은 잘 찢어진다.)

118 tell — 말하다, 구별하다 (tell a from b / tell + 목적어 + apart)

- She told me that she had been to America.
  (그녀는 미국에 가본 적이 있다고 나에게 말했다.)
- It is difficult to tell them apart. (그들을 가려내기는 어렵다.)

CHAPTER 01 다의어

119 term
용어, 말, 기간, 학기, pl. 조건 / 관점, pl. 사이, 관계

- law terms (법률 용어)
- Sales of this term have been a washout.
  (이번 기간의 매상은 형편없다.)
- Please examine how many times he was absent this term.
  (그의 이번 학기 결석 횟수를 조사해 주세요.)
- The terms of the agreement are favorable to both sides.
  (계약 조건은 양측에 이롭다.)
- He was on bad terms with his brother.
  (그는 남자형제와 사이가 틀어졌다.)

120 terrific
멋진, 훌륭한, 굉장한, 무서운

- We had a terrific time at the night club.
  (우리는 나이트클럽에서 멋진 시간을 보냈다.)
- The bomb went off with a terrific report.
  (폭탄이 무서운 음향을 내면서 폭발했다.)

121 trial
재판, 시도, 시련, 고난

- The case is on trial. (그 사건은 재판 중이다.)
- They made a trial of his strength. (그들은 그의 힘을 시험했다.)
- The best solution can only be found by a process of trial and error. (가장 좋은 해결책은 오로지 시행착오의 과정에서 발견될 수 있다)

01. 다의어

122 want 원하다, 부족하다

- Wanted a bookkeeper. (경리 사원 구함. <게시>)
- He did not want for abilities. (그는 능력 부족이 아니었다.)

123 will ~할 것이다(조동사), 의지, 유언

- I will revenge myself on them. (나는 그들에 대해서 복수할 작정이다.)
- Where there's a will, there's a way. (뜻이 있는 곳에 길이 있다.)
- make one's will (유서를 작성하다)

124 yield 산출하다, 낳다, 양보하다, 굴복하다

- Sheep yield wool. (양에서 양모가 나온다.)
- I will not yield an inch on that matter.
  (나는 그 문제에 대해서는 한 치도 양보하지 않겠다.)
- Young men should not yield up to any temptation.
  (젊은이는 어떤 유혹에도 져서는 안 된다.)

PROPER ENGLISH
www.properenglish.co.kr

최강어휘
최강암기

TOP VOCABULARY

02 반의어

Antonyms

CHAPTER 02 반의어

125 **abstract**
추상적인, 관념적인
= non-realistic, symbolic

- "Beauty" and "Love" are abstract words.
  (아름다움과 사랑은 추상적인 말들이다.)

126 **concrete**
구체적인, 명확한
= specific, definitive

- The police had no concrete evidence.
  (경찰은 구체적인 증거를 가지고 있지 못했다.)

127 **exhale**
발산하다, (숨을) 내쉬다
= give off, emit, blow out

- Remember to exhale as you curl your stomach.
  (복부를 구부릴 때 숨을 내 쉬는 것을 기억하세요.)

128 **inhale**
들이 마시다, 흡입하다
= breathe in, suck in

- Let your back touch the ground and inhale.
  (당신의 등을 바닥에 붙이고 숨을 들이 마십시오.)

02. 반의어

129 outer
외부의
= external, outside

- The outer door was wide open but the inner one was locked. (외부문은 활짝 열려 있었지만 내부 문은 잠겨있었다.)

130 inner
안의, 내적의
= internal, inside

- Yoga is said to restore one's inner equilibrium.
(요가는 사람의 내적 균형을 회복시켜 준다고 한다.)

131 quality
질, 품질

- Modesty is one of his good qualities.
(겸손은 그의 좋은 특성들 중 하나이다.)

132 quantity
양, 수량
= amount

- I want quality, not quantity. (나는 양보다 질을 원한다.)

CHAPTER 02 반의어

133 **rational**
이성이 있는, 이성적인
= reasonable

- Let's talk about this like two rational adults.
(두 명의 이성을 가진 성인으로서 이것에 대해 얘기해보자.)

134 **irrational**
이성을 잃은, 불합리한
= unreasonable, illogical, absurd

- It is irrational to believe in magic.
(마술을 믿는 것은 불합리한 것이다.)

135 **rural**
시골의, 전원의
= country rustic

- I am longing for a quiet rural life.
(나는 조용한 전원생활을 기대하고 있다.)

136 **urban**
도시의
= civic

- The community has imposed a bylaw to reduce urban noise levels.
(그 지방자치 단체는 도시의 소음 수준을 낮추기 위한 조례를 제정하도록 촉구했다.)

02. 반의어

137 **benefit**
자선, 혜택
= profit, gain

- Members of the book club will receive special benefits.
  (도서 클럽의 회원들은 특별 혜택을 받게 될 것이다.)

138 **loss**
손상, 불이익
= disfavor, hinderance, impair

- I suffered heavy losses in the stock market slump.
  (주가 폭락으로 큰 손실을 봤다.)

139 **sever**
절단하다
= cut, amputate

- sever a rope (밧줄을 자르다)

140 **associate**
연합(결합)시키다
= connect, relate

- To speak to a service associate, press zero.
  (상담원과의 연결을 원하시면 0번을 누르십시오.)

CHAPTER 02 반의어

141 flexible
유연한
= soft, pliable

- Flexible daytime hours. (낮 근무 시간은 조절 가능합니다.)

142 intractable
완고한, 다루기 힘든
= nonconforming, rigid

- an intractable delinquent (다루기 어려운 불량배)

143 commence
시작하다, 착수하다
= begin, start, initiate, kick off

- The special course commences in (the) fall.
(특별 강좌는 가을부터 시작된다.)

144 terminate
끝내다
= end, stop, conclude, cease

- The business with him has been terminated.
(그와는 거래가 끊어졌다.)

145 **forget** — 잊다, 망각하다

- I couldn't forget the sunset from the beach.
  (해변에서 바라본 일몰을 잊을 수가 없었다.)

146 **memorize** — 기억하다
= remember, recall

- This is how I memorized a lot of English words.
  (이렇게 해서 나는 많은 영어 단어를 외우게 되었다.)

147 **obvious** — 명백한
= apparent, patent

- Their implication of her in the crime was obvious.
  (그들이 그녀를 범죄에 연루시킬 것임은 명백했다.)

148 **ambiguous** — 중의성이 있는, 애매한
= arguable, obscure, vague

- His speech was deliberately ambiguous to avoid offending either side.
  (그녀의 연설은 양 쪽 모두를 자극시키지 않기 위하여 의도적으로 애매했다.)

CHAPTER 02 반의어

149 careful
조심하는
= cautious

- You must always be careful of your health.
(평소에 건강에 주의해야 한다.)

150 careless
부주의한
= negligent

- She repented her careless talk.
(그녀는 자신의 경솔한 말을 후회했다.)

151 congregate
모이다
= gather, flock

- Pupils congregated round the teacher.
(학생들은 교사 주위로 몰려들었다.)

152 scatter
뿌리다, 흩트리다
= separate, disperse

- The policemen scattered the mob.
(경찰들이 군중을 흩어지게 했다. = 해산시켰다)

02. 반의어

153. encourage
격려하다
= cheer

- Everyone was encouraged by the results of his experiments. (그의 실험 결과에 모두들 고무되었다.)

154. discourage
낙담시키다, 단념케 하다
= deter, dissuade

- The news discouraged me. (그 소식은 나를 낙담하게 했다.)

155. unforgiving
용서하지 않는
= unpardonable, inexcusable

- I will be unforgiving your debt.
  (나는 너의 부채를 절대 탕감해 주지 않을 것이다.)

156. tolerant
관대한
= generous, magnanimous

- tolerant of crime (범죄에 관대한)

CHAPTER 02 반의어

157 awkward
어색한, 불편한
= unskillful, clumsy, unfamiliar

- I felt awkward to find myself short of money.
  (나는 가진 돈이 부족해서 곤란했다.)

158 skillful
숙련된, 교묘한
= adroit

- He became skillful in painting.
  (그는 그림 그리는 것에 숙달되었다. = 솜씨가 좋아졌다.)

159 qualified
자격을 갖춘
= fitted

- He is as qualified as any man in the company.
  (그는 회사 내의 그 누구 못지않게 자질을 갖춘 사람이다.)

160 unfit
부적절한, 무능한
= incompetent

- He is unfit to be a teacher. (그는 교사가 되기에는 부적당하다.)

161 **innovative** 혁신적인

- The company's innovative design is registered with the government. (그 회사의 혁신적인 디자인은 정부에 등록이 되어 있다.)

162 **old-fashioned** 시대에 뒤진, 노후한
= outdated

- She is wearing an old-fashioned dress.
(그녀는 유행에 뒤진 드레스를 입고 있다.)

163 **productive** 생산적인, 다산의
= constructive

- If you are not positive, you cannot be productive on your job. (당신이 적극적이지 않으면 작업에서 생산적일 수 없다)

164 **destructive** 파괴적인, 해를 끼치는
= disparaging

- Rapid urbanization will prove destructive to the fine customs of this district.
(급속한 도시화는 이 지역의 미풍양속을 해칠 것이다.)

CHAPTER 02 반의어

165 estimate
추정하다, 예측하다
= assume

- By some estimates, half of all Americans will make a mail order or catalog purchase this year.
(어림잡아 전체 미국인 가운데 절반은 올해 통신 판매 또는 카탈로그 판매를 통해 물건을 구입할 것이다.)

166 precise
정확한, 정밀한
= accurate

- We cannot find a precise Korean equivalent for the word. (그 말과 정확히 같은 대응어를 한국어에서는 찾을 수 없다.)

167 add
더하다

- Added benefits will come from a reduction in noise and air pollution.
(아울러 소음과 대기 오염을 줄이는 부가적인 이점도 생길 것입니다.)

168 subtract
빼다, 공제하다

- Subtract the smaller number from the larger number.
(큰 숫자에서 작은 숫자를 빼라.)

02. 반의어

169 demolish 파괴하다
= destroy, devastate

- They demolished several houses to make way for the new road. (새 길을 터놓으려고 몇 집을 허물었다.)

170 establish 건설하다
= create, construct

- We have decided to establish a new department.
(우리는 새 부서를 설립하기로 결정했다.)

171 ebb 썰물, 줄다

- His influence is on the ebb. (그의 영향력은 점차 감소하고 있다.)

172 flow 밀물, 범람시키다, 흐르다

- A well flows. (샘물이 솟는다)

CHAPTER 02 반의어

173 emigrant
출국하는 이민, 이주하는

- The number of emigrants is increasing.
  (이주민의 수가 증가하고 있다.)

174 immigrant
입국하는 이민, 이주해 오는

- Which of the following two categories had the most immigrants? (다음 중 가장 많은 이민자 수를 나타내는 것을 고르면?)

175 revenue
세입
= income

- Ten years ago, the fishing industry generated a lot of revenue for the region. (10년 전 이 지역은 어업으로 큰 소득을 올렸다.)

176 expenditure
세출
= expense

- His expenditure exceeds his income.
  (그의 지출은 수입을 초과한다.)

02. 반의어

177 **charity** 자비
= mercy, compassion

- The charity event had an even greater turnout than expected. (그 자선 행사에는 예상보다 훨씬 많은 사람들이 참석했다.)

178 **cruelty** 잔인
= mercilessness, brutality

- He is famed for his cruelty. (그는 잔인하기로 유명하다.)

179 **vice** 악덕
= evil, sin

- Virtue leads to happiness, and vice to misery. (덕행은 행복에 이르는 길이요 악덕은 불행에 이르는 길이다.)

180 **virtue** 미덕, 장점
= morality, honour

- Honesty is a virtue. (정직은 미덕이다.)

CHAPTER 02 반의어

181 **artificial**
인공의
= synthetic, man-made

- Artificial respiration was tried upon him.
  (그에 대한 인공호흡이 시행되었다.)

182 **natural**
자연의
= innate, inborn

- They enjoyed the breathtaking natural beauty of the rain forests. (그들은 우림의 놀랄만한 자연미를 즐겼다.)

183 **conservative**
보수적인
= traditional, conventional

- His views are conservative. (그의 의견은 보수적이다.)

184 **progressive**
혁신적인, 급진적인
= radical, innovative

- She worked for women's rights, labor reforms, and other progressive causes.
  (그녀는 여권과 노동 개혁, 그리고 기타 진보적인 대의를 위해 일했다.)

02. 반의어

185 **dynamic** 활동적인
= energetic, active

- You can choose the level of dynamic lights shown in the game. (게임에서 나타나는 역동적인 조명 수준을 선택할 수 있습니다.)

186 **static** 정적인
= stationary, motionless

- Many people think of 'human nature' as static and unchanging.
(많은 사람들이 인간성을 정적이고 변하지 않는 것으로 생각한다.)

187 **guilty** 유죄의
= culpable

- The judge pronounced him guilty.
(판사는 그가 유죄라고 선언했다.)

188 **innocent** 무죄의
= righteous

- The prisoner declared that he was innocent.
(그 죄수는 자신이 결백하다고 주장했다.)

CHAPTER 02 반의어

189 | junior
손아래의
= younger

- She is three years junior to me. (그녀는 나보다 세 살 아래이다.)

190 | senior
손위의
= elder

- I respect him as my senior. (저 사람을 선배로서 존경하고 있다)

191 | masculine
남성적인
= manlike, male

- He talked about a masculine approach to a problem.
 (그는 문제에의 남성적 접근에 대한 이야기를 했다.)

192 | feminine
여성적인
= womanly

- There is something feminine in her after all.
 (그녀는 역시 여자다운 데가 있다.)

02. 반의어

193 **permanent**
영구적인
= eternal, enduring

- She is looking for a permanent place to stay.
(그녀는 영구적으로 살 집을 찾고 있다.)

194 **temporary**
일시적인
= fleeting, momentary

- How is the new temporary accountant working out?
(새로운 임시 회계원은 일을 잘하고 있습니까?)

195 **subjective**
주관적인
= personal

- a subjective evaluation (주관적인 평가)

196 **objective**
객관적인
= detached, impartial

- I would like to get an objective opinion.
(나는 객관적인 의견을 듣고 싶어.)

CHAPTER 02 반의어

197 superior
우월한
= paramount

- He is definitely superior to the others.
  (그는 남보다 단연 우수하다.)

198 inferior
열등한
= humble

- He is inferior to me in scholarship.
  (그는 학문에서 나보다 못하다.)

199 tame
길들여진, 온순한
= domesticated, tractable

- Dogs are tame animals. (개는 길들여진 동물이다.)

200 wild
길들여지지 않은, 야생의
= untamed

- These plants grow wild. (이 식물은 야생이다.)

02. 반의어

201 **voluntary** 자발적인
= intentional, deliberate

- Man is voluntary agent. (인간은 자유 행위자이다.)

202 **compulsory** 강제적인
= obligatory, forced

- He was compulsorily retired as incompetent.
(그는 무능하다는 이유로 강제 퇴직 당했다.)

203 **wholesale** 도매의

- He buys wholesale and sells at retail.
(그는 도매로 가져와서 소매로 판다.)

204 **retail** 소매의

- The job is open to applicants with over two years' experience in retail.
(이 일은 소매업에서 2년 이상 일한 경력이 있는 지원자들에게 열려 있다.)

CHAPTER 02 반의어

205 **accept** — 수락하다
= undertake

- It is silly of you to accept his invitation.
(그의 초청을 수락하는 것은 바보 같은 짓이다.)

206 **reject** — 거절하다
= refuse, decline

- The Congress rejected the government's proposal.
(국회는 정부의 제안을 거부했다.)

207 **admire** — 찬미하다
= respect, praise

- I admire at your performance. (나는 너의 연기에 감탄한다.)

208 **scorn** — 멸시하다
= despise

- We scorn cowards and liars.
(우리는 비겁자와 거짓말쟁이를 경멸한다.)

바른영어훈련소 탑보카 시험장어휘

02. 반의어

209 **conceal**
숨기다
= hide, cover

- She tried to conceal her grief behind a forced smile.
(그녀는 억지로 웃으며 슬픔을 숨기려고 했다.)

210 **reveal**
폭로하다
= display, expose

- According to ancient superstitions, moles reveal a person's character. (고대 미신에 따르면, 점은 사람의 성격을 보여준다.)

211 **deduce**
연역하다, 추론하다
= infer

- From this fact we deduced that he didn't agree with us.
(이 사실에서 우리는 그가 우리와 의견이 같지 않다고 추론했다.)

212 **induce**
귀납하다, 권유하다, 야기하다

- Opium induces sleep. (아편은 잠을 오게 한다.)

CHAPTER 02 반의어

213 motivate
격려하다
= encourage inspire

- I just can't seem to get motivated. (그냥 의욕이 안 생겨요.)

214 discourage
낙담시키다
= dispirit

- discourage one's son from traveling alone
  (아들이 혼자 여행하는 것을 단념시키다)

215 forgive
용서하다
= excuse, pardon

- I beg you to forgive my rudeness. (나의 무례를 용서하십시오.)

216 punish
벌하다
= discipline

- He was punished with a fine. (그는 벌금형으로 처벌을 받았다.)

217 **underestimate** 과소평가하다
= undervalue, understate

- Frequently we underestimate children's resilience.
  (우리는 흔히 아이들의 회복력을 과소평가 한다.)

218 **overestimate** 과대평가하다
= overrate, overstate

- overestimate one's own ability (자신의 힘을 과신하다)

219 **mortal** 죽을 운명의, 치명적인
= fatal

- Man is mortal (사람은 죽게 마련이다.)

220 **immortal** 불멸의
= timeless, persistent

- It's said that the human soul is immortal.
  (사람의 영혼은 불멸이라고 한다.)

CHAPTER 02 반의어

221 partial
불공평한
= biased, unfair

- Our teacher is partial to girl students.
  (우리 선생님은 여학생만 편애하신다.)

222 impartial
공평한
= unbiased, unprejudiced

- You have to hand down an impartial judgement.
  (너는 공평한 판단을 내려야 한다.)

223 patient
참을성 있는
= forbearing, tolerant

- He is patient of insults. (그는 모욕을 참을 수가 있다.)

224 impatient
참을성 없는
= irritable, intolerant

- He is impatient when he is kept waiting.
  (계속 기다리고 있어야 할 때면 그는 늘 조바심을 낸다.)

225 **dependent** 의존하는
= reliant

- He is totally dependent on his parents.
(그는 전적으로 부모에게 의지하고 있다.)

226 **independent** 독립한
= self-reliant

- She is financially independent of her family.
(그녀는 경제적으로 집에서 독립했다.)

227 **legitimate** 합법적인
= lawful, legal

- Parliament legitimated his accession to the throne.
(의회는 그가 왕위에 오르는 것을 합법으로 인정했다.)

228 **illegal** 불법적인
= illicit, under-the-table

- The government forbids an illegal assembly.
(정부는 불법 집회를 금지하고 있다.)

CHAPTER 02 반의어

229 treat
대접하다, 다루다
= serve, handle

- We were treated to the red carpet. (우리는 귀한 대접을 받았다.)

230 maltreat
혹사하다
= abuse, mistreat

- The company had a reputation for maltreating its employees. (그 회사는 종업원을 혹사시키는 것으로 평이 나 있다.)

231 nutrition
영양
= nourishment

- This food is supposed to provide all the nutrition you need. (이 음식은 네게 필요한 영양을 모두 공급할 것이다.)

232 malnutrition
영양실조
= undernourishment

- According to the article, which region had the worst problem with malnutrition in 1990?
(위 기사에 따르면 1990년에 영양실조가 가장 심각했던 지역은?)

02. 반의어

233 **arctic**
북극의
= polar

- There is little life in the Arctic. (북극에는 생물이 거의 없다.)

234 **antarctic**
남극의

- Which of the following is not mentioned as an advantage of Antarctic film storage?
(다음 중 남극 대륙에서 필름을 보관할 때의 이점으로 언급되지 않은 것은 무엇인가?)

235 **exclude**
배제하다
= omit, preclude

- They excluded people from their club for the most petty of reasons. (그들은 매우 사소한 이유로 사람들을 자기네 클럽에서 몰아냈다.)

236 **include**
포함하다
= contain, involve

- Recipe book included! (요리책도 포함되어 있습니다!)

CHAPTER 02 반의어

237 **good-natured**
상냥한
= generous, kind

- He is good-natured. (그는 상냥하다.)

238 **ill-natured**
못된
= ill-tempered, nasty

- an ill-natured person (짓궂은 사람)

239 **hopeful**
희망적인
= optimistic, promising

- The mood of the meeting was hopeful.
  (회의의 분위기는 희망적이었다.)

240 **hopeless**
희망 없는
= pessimistic, despairing

- The situation is hopeless. (정세는 절망적이다.)

02. 반의어

241 **harmful**
유해한
= damaging, dangerous

- A sudden drop in temperature is harmful to most cereal crops. (기온이 갑자기 떨어지면 대부분의 곡물에 피해를 준다.)

242 **harmless**
무해한
= safe, innocuous

- This drug kills germs but is harmless to people.
(이 약은 세균은 죽이지만 인간에게는 무해하다.)

243 **ancestor**
조상, 선조
= forefather, antecedent

- His ancestors lie in the cemetery.
(그의 조상은 공동 묘지에 묻혀 있다.)

244 **descendant**
자손
= offspring, progeny

- But, the fact is pollution caused by us will slowly kill our descendants.
(그러나 사실은, 우리가 초래한 오염이 우리의 후손들을 천천히 죽이게 될 것입니다.)

CHAPTER 02 반의어

245 chaos
혼동
= disorder

- Elite troops used the cover of chaos to attack Roman Catholic churches.
(정예 부대는 혼란을 구실 삼아 로마 가톨릭 교회를 공격했다.)

246 order
질서
= cosmos

- Economic reforms have made maintaining public order more difficult. (경제 개혁으로 공공질서 유지가 더욱 어려워졌다.)

247 defense (defence)
방어
= protection

- The most effective defense is offense. (공격은 최선의 방어이다.)

248 offense (offence)
공격
= attack, assault

- The offense is unheard of. (그 위반 행위는 전례가 없다.)

02. 반의어

249 **deficient** 부족한, 결핍된
= lacking, wanting

- a mental deficient (정신박약자)

250 **sufficient** 풍부한
= adequate, enough

- I have sufficient information. (나는 충분한 자료를 가지고 있다.)

251 **demand** 요구하다
= require, ask

- He demanded to be told everything.
(그는 모든 것을 말하라고 요구했다.)

252 **supply** 공급하다
= provide, furnish, present

- The city supplies books for the children.
(시에서는 아이들에게 책을 공급한다.)

CHAPTER 02 반의어

253 epilogue
맺음말
= postscript

- An epilogue is used to round out the work.
(맺음말은 작품을 마무리 하는 데 사용된다.)

254 preface
머리말, 서막, 서시
= prologue, introduction

- Does your history book have a preface written by the author? (네 역사책에 저자 서문이 있니?)

255 exit
출구
= vent

- As soon as the play ended, patrons made their way to the exits. (연극이 끝나자마자 관객들은 출구로 갔다.)

256 entrance
입구
= entry

- Many building entrances were richly embellished.
(많은 건물들의 입구는 비싸게 치장되었다.)

02. 반의어

257 **expert** 전문가
= specialist, master

- He is recognized internationally as an expert on import tariffs. (그는 수입 관세에 대한 전문가로서 국제적으로 인정받고 있다.)

258 **novice** 초보
= amateur, layman, beginner

- I don't think you should have a novice use a machine. (기계를 다루는 데는 초보자를 쓰면 안 된다.)

259 **notorious** 악명 높은
= infamous

- The quarter is notorious for hoodlums. (그 지역은 깡패 때문에 악명 높다.)

260 **famous** 유명한
= well-known

- He is famous ecologist in North America. (그는 북미에서 유명한 생태학자이다.)

CHAPTER 02 반의어

261 **Occident**
서양
= the West

- He lived in the Occident for a great portion of his life.
  (그는 생애의 대부분을 서양에서 보냈다.)

262 **Orient**
동양
= the East

- He lived in the Orient for a great portion of his life.
  (그는 생애의 대부분을 동양에서 보냈다.)

263 **particular**
특별한
= special

- I have nothing particular to do this afternoon.
  (나는 오늘 오후에 특별히 할 일이 없다.)

264 **general**
일반적인
= universal, common, usual

- What he says reflects the general sentiment of the class.
  (그의 말은 학급의 공통된 의향을 나타내고 있다.)

02. 반의어

265 shallow
표면상의, 얕은
= superficial

- His analysis of the situation is too shallow.
(그의 상황 분석은 너무 피상적이다.)

266 deep
심오한, 깊은
= profound

- He has a deep affection for the orphans.
(그는 고아들에게 깊은 애착을 느끼고 있다.)

267 sober
술 취하지 않은, 제정신의
= sound

- She is a sober and intelligent student.
(그녀는 침착하고 지적인 학생이다.)

268 drunken
술 취한
= intoxicate

- Some drunken young men acted violently.
(술 취한 젊은이 몇 명이 마구 날뛰었다.)

CHAPTER 02 반의어

269 **tiny**
작은
= small, minute

- We noticed tiny bugs that were all over the walls.
  (우리는 작은 벌레들이 벽을 뒤덮고 있는 것을 알아차렸다.)

270 **huge**
거대한
= giant, vast

- Huge amounts of money are spent on sports broadcasting. (스포츠 방송에 막대한 금액이 쓰여 진다.)

271 **sink**
가라앉다, 무너지다
= slump, fall

- Many areas will sink under the water as the sea level goes up. (해수면이 상승함에 따라 많은 지역들이 물속으로 잠기게 될 것이다.)

272 **float**
뜨다
= drift

- The log floated down the stream. (통나무는 강을 떠내려갔다.)

02. 반의어

273 absolute 절대적인
= complete

- I have absolute trust in him. (나는 그를 절대적으로 믿는다.)

274 relative 상대적인
= comparative

- Price is relative to demand. (가격은 수요에 비례한다.)

275 significant 중요한
= important

- His words have a very significant implication.
  (그의 말에는 중요한 뜻이 내포되어 있다.)

276 trivial 하찮은, 사소한
= valueless, minor, petty

- Try not to be distracted by trivial incidental details.
  (사소한 부수적 세부사항에 주의를 뺏기지 않도록 하시오.)

PROPER ENGLISH
www.properenglish.co.kr

CHAPTER 03 유의어

277 abandon — 버리다, 포기하다

- I'm glad to see that fame hasn't spoilt him and made him abandon his old friends.
  (명성에도 불구하고 그의 성격이 변질되거나 옛 친구를 저버리지 않았다는 사실을 알고 기뻤다.)

278	give up	포기하다
279	desert	버리다, 방치하다
280	forsake	저버리다, 그만두다 (forsook-forsaken)

281 abbreviate — 단축하다, 생략하다

- He persuaded his son to abbreviate his first name to Bob. (그는 그의 아들에게 이름을 Bob으로 줄여 쓰도록 설득했다.)

282	condense	압축하다, 간추리다
283	concise	간결한
284	shorten	짧게 하다, 삭감하다

285 accommodate — 조절, 조정하다, 수용하다

- The hospital can accommodate 100 patients or so.
  (저 병원은 환자를 100명가량 수용할 수 있다.)

286	suit	적합하게 하다
287	adapt	적응시키다, 각색하다
288	fit	들어맞다, 알맞게 하다

03. 유의어

289 **acknowledge** 인정하다

- He had the grace to acknowledge my superiority.
  (나의 우위를 인정할 만큼 그는 아량이 있었다.)

290	admit	들어오게 하다, 승인하다
291	confess	고백하다, (사실)시인하다
292	prove	입증하다

293 **adequate** (~하기에) 적당한, 충분한

- I want a salary adequate to support my family.
  (나는 내 가족을 부양하기 위해 충분한 월급을 원한다.)

294	ample	넓은, 넉넉한, 풍만한
295	enough	충분한
296	suitable	적당한, 적격의

297 **adhere** 들러붙다, 부착하다

- You need not adhere to your original plan.
  (당신은 최초의 계획에 구애될 필요가 없다.)

298	stick	붙이다, 들러붙게 하다, 고집하다(to)
299	attach	첨부하다, 붙이다
300	cling	달라붙다, 고집하다(to)

CHAPTER 03 유의어

301 adjourn 연기하다, (회의) 휴회하다

- The hearing was adjourned for a week.
  (청문은 1주일 동안 연기되었다.)

302	interrupt	중단하다
303	postpone	미루다
304	defer	연기하다, 양보하다, 따르다

305 administer 관리하다

- administer an organization (조직을 운영하다)

306	execute	실행하다, 처형하다
307	conduct	관리하다, 지휘하다, 수행하다, 전도하다
308	manage	경영(관리)하다, 해내다

309 adversary 적, 상대자

- send an adversary to the canvas (상대를 캔버스에 눕히다)

310	antagonist	적대자, 라이벌
311	opponent	대항자, 반대 세력
312	enemy	적 (foe)

313 **adversity** 불행, 역경, 재난

• He is schooled in adversity. (역경이 그를 사람으로 만들었다.)

314	calamity	(자연) 대 재해, 재앙
315	catastrophe	재해, 대참사, 불운, 파국
316	disaster	재해, 재앙, 실패(작)

317 **agony** 고통, 고뇌

• Her face registered profound mental anguish.
(그녀의 얼굴에는 심각한 고뇌의 빛이 나타나 있었다.)

318	pain	아픔, 고통
319	anguish	(심신의) 고통, 고뇌
320	suffering	괴로움, 피해(~s)

321 **alien** 외국의, 이질적인

• When I first went to New York, it all felt very alien to me. (내가 처음 뉴욕에 갔을 때 그곳은 너무 낯설었다.)

322	strange	이상한, 낯선
323	foreign	외국의, 타지방의
324	exotic	외래의, 이국풍의, 별난

유의어

325 **allot** 할당하다, 분배하다

- One million won was allotted to our section.
  (100만 원이 우리 과에 할당되었다.)

326	divide	분할하다
327	distribute	분배하다
328	assign	할당하다

329 **amass** 쌓다, 모이다

- He amassed a fortune. (그는 재산을 축적했다.)

330	collect	모으다, 집합시키다
331	gather	모으다, 축적하다
332	accumulate	쌓아올리다, 축적하다

333 **amplify** 확대하다

- The sound was amplified through a loudspeaker.
  (확성기를 통해서 소리가 증폭되었다.)

334	enlarge	크게 하다, 확대하다
335	expand	(범위, 크기) 확장하다
336	magnify	크게 보이게 하다, 과장하다

337 **ancestor** 조상, 선조, 선구자

- He is sprung from noble ancestors.
  (그는 귀족인 조상으로부터 나왔다. = 조상이 귀족이다.)

338	forebear	조상, 선조
339	forefather	조상, 선조
340	predecessor	전임자, 선배, 선조

341 **announce** 알리다, 공고하다

- He announced my statement to be a lie.
  (그는 나의 진술을 거짓이라고 말했다.)

342	proclaim	명시하다, 공포하다
343	inform	알리다, 통지하다
344	declare	선언하다, 표명하다

345 **annoy** 괴롭히다, 화나게 하다

- I am annoyed by his frequent visits.
  (그 남자가 자꾸 찾아와서 성가시다.)

346	harass	괴롭히다, 침략하다
347	bother	괴롭히다, 귀찮게 하다
348	irritate	짜증나게 하다, 화나게 하다

CHAPTER 03 유의어

349 **anonymous** 익명의

- An anonymous benefactor donated 2 million dollars.
(한 익명의 은인이 2백만 달러를 기증했다.)

350	unnamed	무명의, 이름이 밝혀지지 않은
351	unsigned	서명이 없는
352	unidentified	신원 미상의, 동일시될 수 없는

353 **anticipate** 예언하다, 예측하다

- He had worked for the family for so long he could anticipate their requests.
(그는 그 가족들을 위해 하도 오래 일을 해서 그들이 원하는 것들을 짐작할 수 있었다.)

354	foresee	예감(예지, 예견)하다
355	forecast	(날씨 등) 예측하다, 예보하다, 조짐을 보이다
356	predict	(경험, 사실 등으로) 예언(예측)하다

357 **apex** 꼭대기, 정점, 절정

- the apex of one's fortunes (행운의 절정)

358	zenith	천정, 절정, 전성기
359	summit	정상, 꼭대기, 수뇌(회담)
360	top	꼭대기, 정상, 최상부

03. 유의어

361 appeal — 애원하다, 호소하다

- The speaker appealed to us to vote for him.
  (연사는 자신에게 투표를 해 달라고 요청했다.)

362 petition — 탄원(서), 신청(서)
363 request — 요구(하다), 희망(하다), 의뢰서
364 entreat — 간청하다, 부탁하다

365 appease — 달래다, 진정시키다

- The sight appeased his anger.
  (그 광경을 보고 그는 화가 가라앉았다.)

366 relieve — 경감하다, 안심시키다
367 soothe — 가라앉히다, 진정시키다, 덜어주다
368 tranquilize — 진정시키다

369 appliance — 장치, 기구

- Turning on several appliances at once can sometimes cause a loss of power.
  (여러 전기기구를 동시에 켜면 때때로 전력손실을 가져올 수 있다.)

370 instrument — 기구, 도구, 악기
371 apparatus — 장치, 기구, 기관
372 device — 장치, 계획

CHAPTER 03 유의어

373 appoint — 지명하다, 임명하다

- God appoints that this shall be done.
  (신이 이것을 하도록 명하신다.)

374	nominate	임명하다, 추천하다
375	designate	가리키다, 지명(지정)하다
376	delegate	대표, 사절, 대표로 파견하다

377 apt — ~하기 쉬운

- He is apt to get angry. (그는 화를 잘 낸다.)

378	inclined	~할 생각이 있는, ~의 경향이 있는
379	disposed	~의 경향이 있는, ~할 마음이 생긴
380	prone	~의 경향이 있는, ~하기 쉬운

381 ardent — 불타는, 타오르는

- ardent passion (불타는 열정)

382	passionate	열렬한, 정열적인
383	zealous	열심인, 열중한
384	enthusiastic	열광적인, 열렬한

03. 유의어

385 argue
논하다, 설득하다

- I won't argue with you, but I think you're being impractical.
(논쟁하고 싶지 않지만 나는 네가 비현실적이라고 생각한다.)

386	debate	토론, 토론하다
387	discuss	토의하다, 의견을 나누다
388	dispute	논쟁하다, 토론하다, 말다툼하다

389 arrogant
거만한, 오만한

- She is too arrogant to speak to us.
(그녀는 도도해서 우리에게 말도 걸지 않는다.)

390	haughty	건방진, 오만한
391	boastful	자랑하는, 허풍떠는
392	egoistic	이기적인, 제멋대로인, 자만하는

393 assault
강습, 공격(폭행)하다

- He assailed me with questions.
(그는 질문을 퍼부어 나를 몰아 세웠다.)

394	intrude	강요하다, 침입(개입)하다
395	attack	공격하다
396	invade	침입(침해)하다, 점령하다

CHAPTER 03 유의어

397 **assent**　　동의하다, 찬성하다

- They formally assented to the statement.
  (그들은 정식으로 그 성명에 찬성했다.)

398	accede	동의하다, 취임하다
399	consent	동의하다, 승낙하다
400	agree	동의하다, 일치하다

401 **astonish**　　깜짝 놀라게 하다

- astonish the whole world (전 세계를 놀라게 하다)

402	amaze	놀라게 하다
403	astound	놀라게 하다, 혼이 빠지게 하다
404	startle	놀라게 하다, 펄쩍 뛰게 하다

405 **attract**　　매혹하다, 유인하다

- A good advertisement attracts by its news value.
  (훌륭한 광고는 그 뉴스의 가치로 사람의 마음을 끈다.)

406	draw	끌다, 당기다, 매혹하다
407	allure	끌어들이다, 매혹하다
408	charm	황홀케 하다, 매료시키다

03. 유의어

409 **avoid**   피하다, 회피하다

• Avoid do - it - yourself home - testing kits.
(가정용 자가 식수 검사기는 사용을 피하십시오.)

410	shun	피하다, 멀리하다
411	evade	빠져나가다, 교묘히 피하다, 회피하다
412	escape	달아나다, 도피하다

413 **banish**   (국외로) 추방하다

• He was banished to the island. (그는 그 섬으로 유배되었다.)

414	expel	내쫓다, 격퇴하다
415	displace	옮겨놓다, 쫓아내다
416	deport	(국외로) 추빙하다, 강제 이송하나

417 **barren**   불모의, 새끼를 낳지 못하는

• wrest a living from the barren ground
(불모의 땅에서 살아 나가다)

418	sterile	불모의, 메마른, 불임의
419	infertile	비옥하지 않은, 불모의, 번식력이 없는
420	unproductive	비생산적인, 이익이 나지 않는

CHAPTER 03 유의어

421 **barrier** 장애, 장벽

- Psychological barriers are the main obstacles to increasing foreign automobile sales.
(심리적 장애(경계심)은 외제차 판매의 증가에 대한 주된 장애요인이다.)

422	hindrance	방해, 장애(물)
423	obstacle	장애(물), 지장
424	obstruction	방해, 장애(물), 차단

425 **barter** 교환하다, 교역하다

- We bartered with the islanders.
(우리들은 그 섬 주민들과 물물 교환을 했다.)

426	trade	매매, 거래, 무역
427	exchange	교환하다, 교체하다
428	swap	물물교환하다, 맞바꾸다

429 **beloved** 사랑스러운, 소중한

- He lost his beloved wife last year.
(그는 작년에 사랑스러운 아내를 잃었다.)

430	cherished	소중한
431	favored	호의를 사고 있는
432	precious	값비싼, 귀중한, 소중한

03. 유의어

433 bend 구부리다, 굽히다

- Bend over and touch the floor. (몸을 구부려서 바닥을 만지세요.)

434 curve 곡선, 구부리다
435 crook 굽은 것, 구부리다, (남을) 속이다
436 bow (주로) 머리를 숙이다

437 bewilder 당황하게 하다

- She was bewildered by their questions.
(그녀는 그들의 질문 공세에 당황하게 되었다.)

438 confuse 뒤섞다, 혼란시키다, 혼동하다
439 perplex 당황하게 하다, 난처하게 하다
440 puzzle 당황케 하다, 혼란시키다

441 bias [바이어스] 편견, 선입관

- He was biased, and so unreliable.
(그는 편견을 가졌는데 그 때문에 신뢰를 받지 못했다.)

442 prejudice 편견, 선입관
443 tendency (한쪽으로 흐르는) 경향
444 discrimination 구별, 차별

CHAPTER 03 유의어

445 **blame** — 나무라다, 비난하다

- Nobody ever admits that they are to blame.
  (아무도 자신을 나쁘다고 하는 사람은 없다.)

446	criticize	비판하다, 흠 잡다
447	reproach	비난하다, 꾸짖다
448	condemn	비난하다, 책망하다, (형을) 선고하다

449 **blend** — 섞다

- Blend mayonnaise with other ingredients.
  (마요네즈를 다른 재료와 섞어라.)

450	mingle	섞다, 교제하게 하다
451	mix	섞다, 혼합하다, 조화시키다
452	integrate	통합하다, 통일하다

453 **bold** — 대담한

- Magellan was a bold, adventurous explorer.
  (마젤란은 대담하고 모험적인 탐험가였다.)

454	courageous	용기 있는, 대담한
455	daring	대담한, 참신한
456	adventurous	모험을 좋아하는, 용기 있는

457 **burglary** 강도, 불법 주거 침입(죄)

- This is a safeguard against burglary.
  (이것은 강도질에 대한 보호책이다.)

458	crime	죄, 범죄
459	robbery	강도, 약탈
460	theft	도둑질

461 **capable** 유능한

- Although he was capable of excellent work, his attitude was never very good.
  (그의 업무 능력은 뛰어났지만 태도는 부정적이었다.)

462	qualified	자격이 있는, 적격의
463	competent [캄피턴트]	유능한, 충분한
464	proficient	숙달한, 능숙한

465 **capacious** [커페이셔쓰] 널찍한, 큼지막한

- capacious mind (넓은 마음)

466	spacious [스뻬이셔쓰]	넓은, 웅대한
467	roomy	넓은, 널찍한
468	broad	폭넓은, 광범위한

CHAPTER 03 유의어

469 capture — 사로잡다, 붙잡다, 체포하다

- The painter has managed to capture every nuance of the woman's expression.
  (그 화가는 그녀의 표정에 나타나는 모든 미묘한 차이를 잡아낼 수 있었다.)

470	apprehend	붙잡다, 체포하다
471	arrest	체포하다, 억제하다
472	seize	꽉 쥐다, 파악하다

473 carry — 나르다, 전하다

474	convey	나르다, 전달하다, (질병) 옮기다
475	transport	수송하다, 나르다
476	transfer	옮기다, 전하다

477 certify — 증명하다, 보증하다

- I certify that he is a diligent student.
  (나는 그가 착실한 학생임을 보증합니다.)

478	declare	선언하다, 단언하다
479	swear	맹세하다, 보증하다
480	testify	증언하다, 증명하다

481 cheat 속이다

- I haven't the slightest intention[the least idea] to cheat you. (너를 속이려는 생각은 털끝만큼도 없다.)

482	deceive	속이다, 기만하다
483	defraud	속여서 빼앗다
484	trick	속임수, 속이다

485 circulation 순환, 유통

- Hot water circulates through these pipes.
(뜨거운 물이 이 파이프들을 통해 순환합니다.)

486	current	현재의, 유통되는
487	flow	흐르다, (시간) 지나가다
488	rotation	회전, 순환, 교대

489 circumstance 환경, 상황, 사정

- I have told you the circumstances, so you must act accordingly.
(내가 너에게 사정을 말했으니, 너는 그에 따라 행동해야 한다.)

490	condition	상태, 사정, 현황
491	situation	위치, 입장, 상황
492	status	지위, 신분, 상태

CHAPTER 03 유의어

493 climb — 오르다

- He screwed up his courage and began to climb up the rock. (그는 용기를 내어 바위를 오르기 시작했다.)

494	mount	오르다
495	ascend	오르다, 상승하다
496	scramble	기어오르다, 앞을 다투다

497 combat — 싸우다, 분투하다

- He got wounded in combat. (그는 전투 중에 부상을 입었다.)

498	battle	전투, 싸움, 전쟁
499	conflict	싸움, 대립, 논쟁
500	warfare	전쟁, 교전

501 companion — 동료, 동반자

- She was deeply offended with[by] her companion. (그녀는 동료 때문에 몹시 화가 나 있었다.)

502	peer	동료, 친구
503	partner	동료, 배우자, 상대
504	fellow	친구, 동지

505 **compel** 강요하다, 억지로~시키다

- The rain compelled us to stay indoors.
  (우리는 비 때문에 집에 있어야 했다.)

506	force	강요하다, 억지로 시키다
507	impel	강요하다, 다그치다, 추진하다
508	urge	재촉하다, 권하다

509 **competent** 유능한, 적임의

- He is a competent language teacher.
  (그는 유능한 어학 교사이다.)

510	able	재능 있는
511	fit	적당한, 알맞은, 적임의
512	skilled	숙련된, 노련한

513 **component** 성분, 구성요소

- The following components will be installed.
  (다음 구성 요소가 설치됩니다.)

514	element	요소, 성분
515	ingredient	성분, 재료
516	factor	요소, 요인, 원인

CHAPTER 03 유의어

517 **compromise** 타협(하다), 양보하다

- The best way to avoid conflict is to compromise.
  (분쟁을 피하는 최선의 방법은 타협하는 것이다.)

518	agree	동의하다, 찬성하다
519	reconcile	화해시키다, 중재하다
520	negotiate	협상하다, 협의하다

521 **concentrate** 집중하다, 한 점에 모으다

- He can never concentrate upon his work.
  (그는 자기 일에 정신을 집중하지 못하는 사람이다.)

522	focus	초점을 모으다, 집중시키다
523	intensify	강화하다, 심하게 하다
524	pay attention to	~에 주목하다

525 **confer** 수여하다, 주다

- The university conferred an honorary degree on him.
  (대학은 그에게 명예 학위를 내렸다.)

526	bestow	주다, 증여하다
527	give	주다
528	donate	기증하다, 바치다

03. 유의어

529 confine — 한정하다, 가두다

- We must operate within the confines of the law.
  (법의 한도 내에서 운용해야 한다.)

530	enclose	에워싸다, 동봉하다
531	imprison	투옥하다, 감금하다
532	circumscribe	테두리 속에 넣다, 둘러싸다

533 conform — 순응하다, 따르다

- We must conform to the laws. (우리는 법에 따라야 한다.)

534	accommodate	편의를 도모하다, 수용하다, 적응시키다
535	adapt	적응시키다, 각색하다
536	comply	따르다, 동의하다

537 constant — 불변의, 끊임없는

- He was constant in his devotion to learning.
  (그는 시종일관 학문에 전념했다.)

538	invariable	불변의, (수학) 정수의
539	uniform	동일한, 일률적인, 변함없는
540	stable	안정된, 불변의, 견고한

CHAPTER 03 유의어

541 **consume**   다 써버리다, 소모하다

- My car consumes much gas. (내 차는 휘발유를 많이 먹는다.)

542	exhaust	소모하다, 고갈시키다, 지치게 하다
543	expend	소비하다, 지불하다
544	spend	쓰다, 소비하다

545 **contaminate**   오염시키다

- He was infected with AIDS as a result of a contaminated blood transfusion. (그는 오염된 수혈로 인해 에이즈에 걸렸다.)

546	pollute	더럽히다, 오염시키다
547	stain	더럽히다, 얼룩지게 하다
548	infect	더럽히다, 오염시키다, 감염시키다

549 **contradictory**   모순된

- The actual is often contradictory to the ideal. (현실과 이상은 종종 모순된다.)

550	opposing	반대하는, 방해하는
551	paradoxical	역설적인, 모순된
552	inconsistent	일치되지 않는, 이치에 안 맞는

03. 유의어

553 **conventional**   전통적인, 틀에 박힌

- He took a stand opposed to conventional wisdom.
(그는 통설과는 반대의 입장을 취했다.)

554   customary   습관적인, 통상적인, 관습적인
555   traditional   전통의, 인습적인
556   typical   전형적인, 상징적인

557 **correct**   바로잡다, 교정하다

- You ought to correct that habit before everything else.
(너는 무엇보다도 먼저 그 버릇을 고쳐야 한다.)

558   amend   개정하다, 정정하다
559   remedy   치료하다, 교정하다
560   revise   개정하다, 바꾸다

561 **corrupt**   타락한, 부정한

- We cannot but deplore the corrupt conditions of this society. (이 사회의 부패상을 보고 탄식하지 않을 수 없다.)

562   rotten   썩은, 더러운, 부패한
563   spoiled   망쳐진, 손상된
564   dishonest   부정직한, 속임수의

CHAPTER 03 유의어

565 courteous — 예의바른, 정중한

- He is courteous to his superiors. (그는 손윗사람에게 공손하다.)

566	respectful	경의를 표하는, 정중한
567	polite	공손한, 예의바른
568	well-mannered	예의바른, 정중한, 얌전한

569 cowardly — 겁 많은, 소심한

- cowardly conduct (비겁한 행위)

570	fearful	무서운, 두려워하는
571	afraid	걱정하여, 두려워하여
572	timid	겁 많은, 소심한, 소극적인

573 crash — 산산이 부수다

- crash a cup against a wall (찻잔을 벽에 던져 박살을 내다)

574	shatter	산산이 부수다, 파괴하다
575	smash	분쇄하다, 강타하다
576	fracture	부러뜨리다, 깨뜨리다

03. 유의어

577 crazy — 미친

- He is crazy with anger. (그는 미친 듯이 화를 내고 있다.)

578	insane	정신 이상의, 미친
579	lunatic	정신 이상의, 발광하는
580	mad	미친, 실성한, 흥분한

581 crime — 죄, 범죄

- Some other persons may possibly be involved in the crime. (범죄에 연루자가 더 있을 성 싶다.)

582	offense	법률위반
583	sin	도덕적 죄
584	felony	중범죄

585 criterion — 표준, 척도, 기준

- A person's appetite is a good criterion of his health. (식욕은 건강 상태에 대한 좋은 판단 기준이 된다.)

586	foundation	기초, 근거, 토대
587	principle	원리, 원칙, 규범
588	standard	표준, 기준

CHAPTER 03 유의어

589 **current** — 현재의, 유통되는, 흐름

- Our current per-unit cost is twenty-four cents.
(우리의 현재 단가는 24센트입니다.)

590	contemporary	동시대의, 현대의
591	drift	흐름, 표류
592	flow	흐르다, 흘러나오다

593 **cynical** — 냉소적인, 비꼬는

- smile a cynical smile (빈정대는 웃음을 짓다)

594	skeptical	의심 많은, 회의적인
595	satirical	풍자의, 비꼬는
596	sneering	비꼬아 말하는, 조소하는

597 **damp** — 축축한, 습기 찬

- His back is damp with sweat. (등골에 땀이 축축하다.)

598	moist	습한, 젖은
599	humid	습한
600	wet	젖은, 눅눅한, 축축한

03. 유의어

601 **danger** 위험

• He is in danger of his life. (그의 생명이 위태롭다.)

602 hazard — 위험, 모험
603 jeopardy — 위험(성)
604 peril — 위험, 위태함

605 **decent** 고상한, 예절바른, 적절한

• He comes of a decent family. (그는 명문가 출신이다.)

606 proper — 적당한, 단정한
607 modest — 겸손한, 수수한
608 dignified — 위엄 있는, 품위 있는

609 **defeat** 패배시키다

• We have defeated the enemy. (우리는 적군을 쳐부수었다.)

610 conquer — 정복하다, 이기다, 탈취하다
611 overwhelm — 압도하다, 제압하다
612 subdue — 정복하다, 억누르다

CHAPTER 03 유의어

613 **defect**   흠, 결점

- He gave up becoming a lawyer on account of a speech defect. (그는 언어 장애 때문에 변호사 되기를 단념했다.)

614	flaw	흠, 결점, 하자
615	shortcoming	단점, 부족
616	weakness	허약, 저능, 약점

617 **deliberate**   신중한, 고의적인

- I'm sure she says these things deliberately to annoy me.
(나를 성가시게 하기 위해 그녀가 고의적으로 이런 말을 하는 것이 분명하다.)

618	conscious	의식하고 있는, 알고 있는, 고의적인
619	intentional	고의적인, 의도적인
620	planned	계획된

621 **deny**   부인하다, 거절하다

- No one can deny the verity of that research.
(그 연구의 진실성은 아무도 부인할 수 없다.)

622	contradict	반박하다, 부인하다, 모순되다
623	disclaim	부인하다, 포기하다
624	disapprove	비난하다, 인가하지 않다

625 **depict** 묘사하다, 서술하다

- They depict him as a hero. (그들은 그를 영웅으로 묘사했다.)

626	represent	나타내다, 상징하다
627	illustrate	설명하다, 삽화를 넣다
628	portray	초상을 그리다, 묘사하다, 표현하다

629 **deplore** 비탄하다

- We cannot but deplore the evils of the time. (우리는 이시대의 악행을 보고 탄식하지 않을 수 없다.)

630	grieve	슬퍼하다, 비탄에 젖게 하다
631	regret	유감, 후회
632	lament	슬퍼하다, 애도하다

633 **deprive** 박탈하다, 거절하다

- deprive of the right of casting a ballot (선거권을 박탈하다)

634	rob	훔치다, 강도질하다
635	strip	벗기다, 빼앗다
636	bereave	(생명, 희망 등을) 빼앗다

CHAPTER 03 유의어

637 **destiny** 운명
- work out one's own destiny (자신의 운명을 개척하다)

638	fate	운명, 죽음, 최후
639	doom	운명(을 짓다), 판결
640	fortune	운, 행운, 재산

641 **detach** 떼다, 떨어지게 하다
- The doors have been detached. (문들이 분리되어있다.)

642	disconnect	접속을 끊다, 차단하다
643	remove	옮기다, 제거하다
644	separate	잘라서 떼어놓다, 분리하다

645 **diffuse** 발산하다, 퍼뜨리다
- Television is a powerful means of diffusing knowledge. (텔레비전은 지식을 퍼뜨리는 강력한 도구이다.)

646	spread	펴다, 펼치다
647	distribute	분배하다, 살포하다
648	scatter	흩뜨리다

649 **disagreement** 불일치, 부적합

- We had a disagreement about the fee for the work.
  (우리는 그 일의 보수에 대해 의견 차이를 보였다.)

650	conflict	투쟁, 충돌, 마찰
651	hostility	적의, 적대 행위
652	opposition	반대, 대립

653 **disclose** 폭로하다, 드러내다

- Other terms of the transaction were not disclosed.
  (그 외의 거래 조건들은 밝혀지지 않았다.)

654	divulge	(비밀을) 누설하다, 밝히다
655	unveil	베일을 벗기다, 정체를 드러내다, 밝히다
656	reveal	드러내다, 나타내다

657 **discriminate** 구별하다, 차별하다

- She felt she had been discriminated against because of her age. (그녀는 나이 때문에 자신이 차별받아 왔다고 느꼈다.)

658	differentiate	차별화시키다, 구별하다
659	distinguish	구별하다, 특징짓다
660	segregate	분리시키다, 차별대우 하다

CHAPTER 03 유의어

661 **disgrace**   창피, 불명예

- After 20 years in official disgrace, she has been rehabilitated.
(20년에 걸친 공식적인 불명예 끝에 그녀의 명예는 회복되었다.)

662	degrade	지위를 낮추다, 격하하다
663	dishonor	불명예, 치욕, 모욕
664	shame	부끄럼, 수치

665 **disgust**   반감(혐오감)을 갖게 하다, 싫증나게 하다

- This smell disgusts me. (이 냄새는 정말 역겹다.)

666	abhor	몹시 싫어하다
667	displeasure	불쾌, 불만
668	loathe	몹시 싫어하다, 질색하다

669 **dismiss**   해고하다, 내쫓다

- They dismissed me without any good reason.
(그들은 나를 타당한 이유도 없이 해고하였다.)

670	discharge	면제하다, 해임하다
671	fire	해고하다
672	refuse	거절하다, 해고하다(lay off)

673 **diverse** 다양한

- Diverse opinions were expressed at the meeting.
(모임에서는 다양한 의견들이 나왔다.)

674	various	여러 가지의, 다양한
675	manifold	다양한, 용도가 넓은
676	assorted	다채로운, 조화를 이룬

677 **domain** 영토, 영역

- She treated the business as her private domain.
(그녀는 사업을 자신의 사적 영역으로 취급했다.)

678	realm	범위, 영역
679	territory	영토, 지역, 영역
680	province	지방, 범위, 분야

681 **donation** 증여, 기증, 기부

- What did GN Labs donate to the college?
(GN 연구소가 그 대학에 기부한 것은 무엇인가?)

682	contribution	기부, 기여, 공헌
683	gift	선물, 선사
684	offering	공물, 헌납

CHAPTER 03 유의어

685 **earn**   얻다, 획득하다

- She earned money by washing cars.
  (그녀는 세차를 해서 돈을 벌었다.)

686	acquire	손에 넣다, 취득하다
687	attain	(장소) 이르다, 달성하다
688	procure	획득하다, 초래하다

689 **edge**   가장자리, 변두리

- Children feed geese at the water's edge.
  (아이들이 물가에서 거위들에게 먹이를 주고 있다.)

690	border	테두리, 경계
691	margin	가장자리, 변두리, 판매 수익
692	boundary	경계(선), 한계

693 **effort**   노력, 수고

- Your untiring efforts will earn you a good reputation.
  (너의 지칠 줄 모르는 노력은 네게 좋은 평판을 가져올 것이다.)

694	endeavor	노력하다, 노력, 시도
695	exertion	노력, 분발, 힘든 작업
696	struggle	노력, 분투, 투쟁

03. 유의어

697 elementary — 기본의, 초보의

- an elementary error (초보적인 과오)

698	primary	첫째의, 제1의, 초등의
699	rudimentary	원리의, 기본의, 초등의
700	basic	기초적인, 근본적인

701 emerge — 나타나다, 나오다

- The full moon will soon emerge from behind the clouds. (보름달이 곧 구름 뒤에서 나타날 것이다.)

702	show up	나타나다, 참석하다
703	appear	나타나다, 출현하다(turn up)
704	surface	떠오르다, 표면

705 empower — ~에게 권한을 부여하다, 자격을 주다

- Science empowers men to control natural forces.
(과학은 인간에게 자연의 힘을 조절할 능력을 부여한다.)

706	authorize	권한을 주다, 인정하다
707	warrant	근거, 보증, 영장
708	qualify	자격을 주다, 제한하다

CHAPTER 03 유의어

709 enclose — 에워싸다, 동봉하다

- The castle was enclosed by tall mountains.
  (그 성은 높은 산들로 둘러싸여 있었다.)

710	surround	에워싸다, 둘러싸다
711	circle	선회하다, 돌다, 에워싸다
712	beset	포위하다, 에워싸다

713 enormous — 거대한, 막대한

- They overlooked the enormous risks involved.
  (그들은 관련된 큰 위험을 간과했다.)

714	tremendous	무서운, 굉장한, 엄청난
715	immense	막대한, 광대한
716	vast	광대한, 거대한

717 equivalent — 동등한 물건, 유사한

- The expression has no satisfactory English equivalent.
  (그 표현에 해당하는 적절한 영어는 없다.)

718	similar	유사한, 닮은
719	comparable	비교되는, 필적하는
720	alike	서로 같은, 똑같이

721 **error** 실수, 오류

- A review of the facts disclosed his error.
  (사실의 재조사로 그의 잘못이 드러났다.)

722 mistake — 잘못, 오해, 실수
723 blunder — 큰 실수, 실책
724 fault — 과실, 잘못, 결점

725 **eternal** 영원한, 불멸의

- an eternal truth (영구불변의 진리)

726 endless — 끝없는, 부단한
727 everlasting — 영구한, 불후의, 영구히
728 infinite — 무한한, 무수한, 끝없는

729 **evil** 나쁜, 사악한

- an evil disposition (나쁜 기질)

730 immoral — 부도덕한, 나쁜
731 malicious — 악의 있는, 심술궂은
732 wicked — 사악한, 심술궂은

CHAPTER 03 유의어

733 **excel** 능가하다, 뛰어나다

- He excels in mathematics. (그는 수학에 뛰어나다)

734	surpass	~보다 낫다, 뛰어나다
735	outdo	~보다 낫다, 능가하다
736	exceed	넘다, 초과하다, ~보다 뛰어나다

737 **exhausted** 다 써버린, 소모된, 지친

- I have exhausted myself swimming.
  (나는 수영을 해서 지쳤다.)

738	fatigued	피로한, 지친
739	tired	피로한, 지친
740	weary	피로한, 싫증나는, 따분한

741 **explain** 설명하다, 해석하다

- Did the manager explain why we are stopping the project? (우리가 그 계획을 왜 중단하고 있는지 지배인이 설명했나요?)

742	describe	묘사하다, 기술하다
743	illustrate	설명하다, 삽화를 넣다
744	clarify	분명히 하다, 해명하다

03. 유의어

745 **exploit** 위업, 업적, 착취하다, 이용하다

• This book contains various exploits of the explorers.
(이 책에는 탐험가들의 다양한 위업이 수록되어 있다.)

746	feat	위업, 공적
747	accomplishment	성취, 업적
748	achievement	성취, 업적, 달성

749 **extract** 추출하다, 짜내다

• We extract oil from olives. (올리브에서 기름을 추출한다.)

750	squeeze	죄다, 짜내다
751	derive	끌어내다, 도출하다, ~에서 시작하다
752	withdraw	철수하다, 출금하다

753 **fabric** 직물, 천

• She was weaving a fabric. (그녀는 직물을 짜고 있었다.)

754	cloth	천, 헝겊, 직물
755	material	물질의, 재료, (양복의) 감
756	textile	직물, 옷감

CHAPTER 03 유의어

757 **faculty** 능력, 재능, (대학) 학부, 교수진

- He has a great faculty for writing.
  (그는 작문에 대단한 재능이 있다.)

758	ability	능력, 재능
759	capacity	수용량, 능력, 자격
760	aptitude	경향, 적성, 소질

761 **fashion** 유행, 양식

- That fashion will not prevail[continue] long.
  (그 유행은 오래가지 않을 것이다.)

762	style	방법, 유형, 유행
763	vogue	유행(trend)
764	mode	양식, 유행, 유형

765 **flourish** 번영하다, 꽃피우다

- Grass-eating animals flourish in this region.
  (이 지역에서는 초식 동물이 잘 자란다.)

766	thrive	번창하다, 무성하다
767	prosper	번영하다, 성공하다
768	succeed	성공하다, 계속되다

769 **fluid** 유체, 유동체

• Water and mercury are fluids. (물과 수은은 액체이다.)

770	liquid	액체(의), 유동성의
771	molten	녹은, 용해된, 주조된
772	watery	물의, 연한

773 **forgive** 용서하다

• I beseech you to forgive him.
(당신께 그를 용서해 주시기를 간청합니다.)

774	excuse	용서하다, 변명하다
775	overlook	바라보다, 눈감아 주다
776	pardon	용서(하다), 사면하다

777 **formula** 제조법, 공식, 기본 원칙

• We have changed the formula of the washing powder.
(우리는 분말 세제의 제조법을 바꾸었다.)

778	directions	지도, 방향, 방침
779	equation	균등, 방정식
780	recipe	처방, 조리법

CHAPTER 03 유의어

781 fulfill — 이행하다, 실행하다, 수행하다

- You may leave after you have fulfilled all your duties.
(너는 너의 임무를 다 끝낸 후에는 떠나도 좋다.)

782	accomplish	이루다, 성취하다, 완성하다
783	achieve	이루다, 달성하다
784	complete	완전한, 완성하다

785 garment — 의복, 외관

- This garment is made of a fabric that will not shrink.
(이 옷은 줄지 않는 원단으로 만들어졌다.)

786	apparel	의복, 의상
787	clothes	옷, 의복
788	dress	옷을 입히다, 의복, 정장

789 generosity — 관대, 풍부함

- Generosity is one of her most pleasing traits.
(관대함은 가장 호감이 가는 그녀의 특징 중 하나이다.)

790	hospitality	환대, 친절
791	kindness	친절, 애정, 우호
792	unselfishness	이기적이 아님

793 **govern** 다스리다, 통치(지배)하다

• The king governed his people well.
(그 왕은 그의 백성을 잘 다스렸다.)

794	administer	관리하다, 지배하다
795	rule	다스리다, 규정하다
796	supervise	관리하다, 지휘하다

797 **grieve** 몹시 슬퍼하다, 비탄에 잠기다

• He grieved for the companion he had lost.
(그는 죽은 동료 때문에 몹시 슬퍼했다.)

798	lament	슬퍼하다, 비탄하다
799	mourn	슬퍼하다, (죽음을) 애도하다
800	sorrow	슬퍼하다, 유감으로 생각하다

801 **habitual** 습관적인, 상습적인, 평소의

• He is a habitual liar. (그는 상습적인 거짓말쟁이이다.)

802	accustomed	습관의, 익숙한
803	frequent	빈번한, 상습적인
804	repetitious	되풀이하는, 반복성의

CHAPTER 03 유의어

www.properenglish.co.kr

805 **hatred** 혐오, 증오, 원한

- Human emotions are things like hatred, anger, sadness and happiness.
  (인간의 감정은 증오, 분노, 슬픔, 행복 같은 것이다.)

806	dislike	싫어하다, 혐오
807	displeasure	불쾌, 불만
808	hostility	적개심, 반대

809 **heritage** 상속, 유산, 유전

- We should preserve our national heritage.
  (우리는 국가적 유산을 보존해야 한다.)

810	ancestry	조상, 선조
811	heredity	유전, 세습
812	legacy	유산

813 **hide** 숨기다, 숨다, 가리다

- The social costs are impossible to hide.
  (사회 부담금을 숨길 수는 없습니다.)

814	camouflage	위장, 변장
815	conceal	숨기다, 비밀로 하다
816	disguise	위장, 변장, 겉치레

03. 유의어

817 ignore — 무시하다, 돌보지 않다

- He completely ignored their opinions.
  (그는 그들의 의견을 완전히 묵살했다.)

818	disregard	무시하다, 경시하다
819	neglect	게을리 하다, 무시하다, 방치하다
820	reject	거절하다, 무시하다

821 infectious — 전염성 있는 (접촉에 의한)

- Cholera is an infectious disease. (콜레라는 전염병이다.)

822	communicable	전할 수 있는, 전염성의
823	contagious	전염성의, 만연하는
824	catching	전염성의, 매력적인

825 intimate — 친밀한, (지식이) 깊은

- She is on intimate terms with him.
  (그녀는 그와 친밀한 사이이다.)

826	companion	친구, 동료
827	friendly	친한, 마음에 드는
828	dear	친애하는, 소중한

CHAPTER 03 유의어

829 **largely**   대부분, 주로

- The products themselves largely are the same, and changes are unlikely to be noticed by consumers.
(제품들 자체는 대체적으로 달라진 게 없고 소비자들도 그 차이를 알아차리지 못하는 것 같다.)

830	abundantly	풍부하게, 매우
831	chiefly	주로, 대체로, 우선
832	mainly	주로, 대개

833 **lessen**   작게 하다, 줄이다

- There must be a way to lessen production costs without sacrificing quality.
(품질을 희생시키지 않고(떨어뜨리지 않고) 생산 단가를 낮추는 방법이 있을 것입니다.)

834	diminish	줄이다, 낮추다
835	dwindle	줄다, 축소(감소)시키다
836	reduce	줄다, 줄이다, 진압하다

837 **linear** 선의, 직선의

- A linear diagram of the car might be more informative than a full-color illustration.
(차를 선으로 그린 도표가 천연색 삽화보다 더 유익한 정보를 줄지도 모른다.)

838	direct	똑바른, 직접의
839	straight	곧은, 일직선의
840	successive	잇따른, 계속되는

841 **modify** 수정하다

- We also assist you in modifying your design to eliminate extra parts or conform to industry standards.
(또한 불필요한 부분을 삭제하거나 산업 표준에 맞출 수 있도록 디자인을 수정하는 일도 도와드립니다.)

842	alter	바꾸다, 변하다
843	amend	개정하다, 고치다
844	revise	개정하다, 교정하다

845 **monotonous** 단조로운, 지루한

- She spoke in a monotonous voice.
(그녀는 단조로운 목소리로 말했다.)

846	dull	무딘, 둔한, 지루한
847	tedious	지루한, 장황한
848	tiresome	지치는, 성가신

CHAPTER 03 유의어

849 **motivate** 동기를 부여하다, 자극하다

- The Industrial Relations Department was told to come up with ways to motivate production employees.
  (노사 관계부는 생산직 근로자들의 동기 부여 방안을 내놓으라는 지시를 받았다.)

850	inspire	고무시키다, 고취하다
851	spur	박차, 자극(하다)
852	stimulate	자극하다, 격려가 되다

853 **notable** 주목할 만한, 저명한

- Getting both sides to agree was a notable achievement.
  (양측 모두가 찬성하도록 만든 것은 주목할 만한 성과이다.)

854	distinguished	눈에 띄는, 출중한
855	remarkable	주목할 만한, 현저한
856	striking	현저한, 인상적인

857 **obscure** 애매한, 잘 알려지지 않은

- Some of them will be helpful, but most of them are too obscure.
  (그것들의 일부는 도움이 되겠지만, 나머지 대부분은 너무 불명확하다.)

858	indistinct	불분명한, 희미한
859	unclear	불분명한, 막연한
860	vague	어렴풋한, 모호한

03. 유의어

861 **ordinary**   보통의, 통상의, 평범한

- I'm just an ordinary man. (나는 단지 평범한 사람일 뿐이다.)

862	usual	보통의, 일상의
863	commonplace	평범한, 진부한
864	average	평균(의), 보통(의)

865 **persist**   고집하다, 주장하다

- Why do you persist in writing these things?
(왜 너는 이런 것을 쓰려 고집하느냐?)

866	continue	계속하다, 지속하다
867	last	계속하다, 오래가다
868	persevere	참다, 견디다, 유지하다

869 **ponder**   숙고하다

- He was pondering what to do.
(그는 무엇을 할지 깊이 생각하고 있었다.)

870	consider	숙고하다, 고려하다
871	contemplate	잘 생각하다, 사색하다
872	meditate	명상하다, 숙고하다

CHAPTER 03 유의어

873 **posture**   자세, 태도

- These exercises help to develop good posture.
  (이 운동들은 좋은 자세를 개발하는데 도움이 된다.)

874	stance	발의 자세
875	attitude	태도, 몸가짐
876	position	태도, 입장, 위치, 지위

877 **preach**   설교하다, 설명하다

- Father preached at me about my bad habits.
  (아버지는 나의 나쁜 습관에 대해 훈계하셨다.)

878	address	인사말, 연설(하다)
879	lecture	강의하다, 훈계하다
880	sermonize	설교하다, 잔소리하다

881 **primary**   첫째의, 초기의, 으뜸가는

- I started primary school when I was 5 years old.
  (나는 5살 때 초등학교에 입학했다.)

882	chief	우두머리, 최고의, 주된
883	principal	주요한, 제 1의
884	initial	처음의, 시작의

03. 유의어

885 progress   진전, 진행, 진보

- The boy has shown great progress.
  (그 소년은 대단한 진전을 보였다.)

886	development	발달, 발전, 개발
887	advance	진전, 진보(하다)
888	improvement	개량, 개선

889 prohibit   금지하다

- It's prohibited by law. (그것은 법으로 금지되어 있다.)

890	forbid	금하다, 방해하다
891	embargo	(입출항) 금지, 제한
892	ban	금지(하다), 금지령

893 protest   항의하다, 주장하다

- The crowd protested against the war.
  (군중들은 전쟁에 대해 항의했다.)

894	demonstrate	증명하다, 설명하다, 데모를 하다
895	complain	불평하다
896	disapprove	안 된다고 하다, 반대하다

CHAPTER 03 유의어

897 **rebel** 반항하다, 거역하다, 반역자

- Citizens rebelled against the worsening economic crisis. (국민들은 점점 악화되는 경제 위기에 대해 반란을 일으켰다.)

898	revolt	반란, 반항하다
899	revolution	혁명, 회전
900	riot	폭동, 소동(을 일으키다)

901 **reprimand** 징계, 질책, 비난, 질책하다

- The lifeguard is reprimanding one of the tourists. (인명구조요원은 관광객들 중 한 사람을 꾸짖고 있다.)

902	criticize	비평하다, 비판하다
903	denounce	비난하다, 고발하다
904	scold	꾸짖다, 잔소리하다

905 **resentful** 성난, 노한

- I was resentful of what he had said. or I got sore about that remark of his. (그에게 그런 말을 들으니 분했다.)

906	indignant	분개한, 성난
907	irritated	자극된
908	upset	뒤엎다, 당황한, 마음이 동요한

03. 유의어

909 reside   거주하다, 존재하다

- My family resides in Seoul. (나의 가족은 서울에 산다.)

910	lodge	오두막집, 천막집
911	dwell	살다, 거주하다, 머무르다
912	inhabit	살다, 거주하다, 서식하다

913 seldom   드물게, 좀처럼 ~않는

- She seldom shows her feelings.
(그녀는 그녀의 느낌을 좀처럼 보여주지 않는다.)

914	rarely	좀처럼 ~하지 않는
915	hardly	거의 ~가 아니다
916	scarcely	거의 ~가 아니다

917 shiver   떨다, 떨리게 하다, 떨림

- As the temperature dropped abruptly, the campers began to shiver.
(기온이 갑자기 떨어졌을 때 캠핑하던 사람들은 떨기 시작했다.)

918	tremble	떨다, 불안해하다
919	shake	흔들다, 휘두르다
920	shudder	떨다, 전율하다

CHAPTER 03 유의어

921 **shortcoming**   단점, 결점

- The printed page has its shortcomings.
  (인쇄된 페이지에 결함이 있다.)

922	defect	결점, 결함, 단점
923	drawback	결점, 불리한 점, 장애
924	flaw	결점, 흠, 결함

925 **terminate**   끝내다, 마치다, 한정하다

- This project will be terminated due to lack of fund.
  (이 계획은 자금 부족 때문에 중단될 것이다.)

926	complete	완전한, 완성하다
927	conclude	마치다, 결론 내리다
928	eliminate	제거하다, 없애다

929 **vulnerable**   상처받기 쉬운, 취약한

- Heavy reliance on important fuels has left the nation vulnerable to manipulation by foreign interests.
  (중요 연료들에 대한 지나친 의존은 그 나라를 외국의 이익집단에 의한 시장 조작에 취약하게 만들었다.)

930	defenseless	무방비의
931	exposed	드러난, (위험에) 노출된
932	unprotected	보호(자)가 없는, 무방비의

CHAPTER 04 혼동하기 쉬운 어휘

www.properenglish.co.kr

| 933 | access | 접근 |
| 934 | excess | 초과, 과도 |

- Free access is allowed to the library to any student.
  (모든 학생에게 도서관 출입을 허용함)
- Excess in any exercise strains the heart.
  (어떤 운동이든 지나치게 하면 심장에 장애가 온다)

935	acrid	날카로운, 신랄한, 쓴
936	arid	건조한, 메마른
937	acid	산, 신맛의

- in acrid tones (신랄한 어조로)
- arid ground (메마른 땅)
- Acid eats into metals. (금속은 산에 의해 부식된다)

938	adapt	적응시키다, 순응하다
939	adept	숙달한, 정통한
940	adopt	채택하다, 양자로 삼다

- Anyone staying long in a foreign country must adapt to the local customs.
  (외국에 오래 머무는 사람이라면 누구나 그곳의 관습에 적응해야만 한다)
- She's very adept at making people feel at their ease.
  (그녀는 사람들을 편안하게 해주는 능력이 뛰어

04. 혼동하기 쉬운 어휘

- They shy away from adopting this policy.
(그들은 이 정책의 채택을 피하고 있다)

941 **ad**verse — 역행하는, 불리한
942 **a**verse — 싫어하는, 반대하는

- Adverse winds hinder planes. (역풍이 항공기들의 진로를 방해한다.)
- He is averse to strenuous exercise. (그는 격렬한 운동을 싫어하다.)

943 **a**ffect — ~에 영향을 미치다
944 **e**ffect — 결과, 영향, 효과

- The error will affect almost the entire payroll.
(그 오류는 전체 급여 명부에 영향을 미칠 것이다.)
- All that advertising we did seems to have had no effect whatsoever. (우리가 한 모든 광고가 아무런 효과도 거두지 못한 것 같다.)

945 **af**finity — 동족(관계), 유사, 좋아함
946 **in**finity — 무한(대)

- She has an affinity for dancing. (그녀는 댄스를 좋아한다)
- Can you represent infinity to yourself?
(무한이란 것을 상상할 수 있습니까?)

CHAPTER 04 혼동하기 쉬운 어휘

947	**alter**ation	변경, 개조
948	**altern**ation	교대
949	**alter**cation	말다툼, 논쟁

- The prices are subject to alteration. (가격은 변경할 수 있다.)
- alternation of day with night (낮과 밤의 순환)
- I'd like to avoid having another altercation with her if I possibly can. (나는 가능하다면 그녀와 또 다른 논쟁은 피하고 싶다.)

| 950 | **alternate**ly | 번갈아, 교대로 |
| 951 | **alternative**ly | 양자택일로 |

- alternate 번갈아 일어나다
- alternative 대안

| 952 | **ap**prehend | 체포하다, 걱정하다, 이해하다 |
| 953 | **com**prehend | 이해하다, 포함하다 |

- We apprehend no violence. (우리는 폭력을 염려하지 않는다.)
- They did not comprehend the significance of his remark.
(그들은 그의 말의 중요성을 이해하지 못했다.)

04. 혼동하기 쉬운 어휘

954	**ap**titude	적성, 소질
955	**at**titude	자세, 태도
956	**al**titude	높이, 고도

- She has musical aptitude. (그녀는 음악에 소질이 있다.)
- What is your attitude to the problem?
  (너는 그 문제에 대해 어떤 태도를 취하는가?)
- take the sun's altitude (태양의 높이를 재다)

| 957 | **argu**ment | 논쟁 |
| 958 | **aug**ment | 증대시키다 |

- There is no room for argument. (논의의 여지가 없다.)
- Nowadays accidents and crimes augment in an alarming way. (요즘 사고와 범죄가 놀랄 만큼 증가하고 있다.)

| 959 | **as**cent | 상승, 등반 |
| 960 | **as**sent | 동의, 수락 |

- The sudden ascent of the elevator made us dizzy.
  (엘리베이터가 갑자기 올라가서 우리는 어지러워졌다.)
- Jane nodded her assent to my proposal.
  (제인은 고개를 끄덕여 내 제안에 동의의 뜻을 내보였다.)

CHAPTER 04 혼동하기 쉬운 어휘

www.properenglish.co.kr

| 961 | **as**semble | 모으다, 조립하다 |
| 962 | **re**semble | 닮다 |

- People assembled themselves in the park.
  (사람들이 공원에 모였다.)
- The brothers resemble each other in taste.
  (형제는 취미 면에서 서로 닮았다.)

963	**at**tain	달성하다, 이루다, 차지하다
964	**con**tain	포함하다, 가지다
965	**sus**tain	지탱하다, 견디다, (상처) 입다
966	**re**tain	유지하다, 간직하다, 보존하다

- The early American patriots attained freedom.
  (미국의 초기 애국자들은 자유를 얻었다.)
- The book contains various exploits of the explorers.
  (그 책은 탐험가들의 다양한 업적을 수록하고 있다.)
- Hope sustained him in his misery.
  (희망이 그의 비참한 처지를 받쳐주었다.)
- We've been able to retain excellent employees.
  (우리는 우수한 직원들을 보유할 수 있었다.)

04. 혼동하기 쉬운 어휘

967 benefactor 은인
968 beneficiary 수익자, 수혜자

- An anonymous benefactor donated 2 million dollars.
  (한 익명의 은인이 2백만 달러를 기증했다.)
- Her husband was the chief beneficiary of her will.
  (그녀의 남편이 그녀가 남긴 유언의 최고 수혜자였다.)

969 bondage 속박, 굴종, 노예의 신분
970 bandage 붕대

- He wanted to be free from the bondage of social conventions. (그는 사회적 관습의 속박으로부터 해방되고 싶었다.)
- Blood oozed out of the bandage. (붕대에 피가 내배어 있었다.)

971 beneficial 유익한, 이득이 되는
972 beneficent 자비심이 있는, 인정 많은

- Drinking green tea is said to be beneficial to the body.
  (녹차를 마시면 몸에 좋다고 한다.)
- They give beneficent acts to the poor.
  (그들은 가난한 사람들에게 선행을 베푼다.)

973 casualty 사상자, 재해
974 causality 인과관계

- The train was derailed, causing many casualties.
  (열차가 탈선하여 많은 사상자를 내었다.)

CHAPTER 04 혼동하기 쉬운 어휘

www.properenglish.co.kr

| 975 | **cele**bration | 축하, 축하 의식 |
| 976 | **cele**brity | 명성, 유명인사 |

- Which activity will be included in the celebration?
  (축하 행사에는 어떤 것들이 포함되어 있습니까?)
- Journalists are always trying to dig the dirt on celebrities.
  (저널리스트들은 언제나 유명인들의 추한 정보를 파려고 한다.)

| 977 | cens**or** | 검열관, 검열하다 |
| 978 | cens**ure** | 비난하다, 혹평하다 |

- a film censor (영화 검열관)
- His colleagues censured him for the negligence of his duties. (그의 동료들은 그의 직무 태만을 비난했다.)

| 979 | cite | 인용하다 |
| 980 | site | 장소 |

- The devil can cite Scripture for his purpose.
  (악마도 자신의 목적을 위하여 성경을 인용할 수 있다.)
- historic sites (사적)

| 981 | compar**able** | 필적하는, 비교되는 |
| 982 | compar**ative** | 비교에 관한, 비교의 |

- He is a writer of incomparable prose.
  (그는 누구와도 견줄 수 없는 산문 작가이다.)

04. 혼동하기 쉬운 어휘

- A Washington newspaper published comparative profiles of the candidates' wives.
  (워싱턴의 한 신문은 입후보자 부인들의 프로필을 비교해서 발표했다.)

| 983 | **compartment** | 칸, 구획, (열차, 선박) 객실 |
| 984 | **department** | 부문, 부서, 학과 |

- They're placing the bags into the overhead compartment.
  (그들은 머리 위의 짐칸에 가방을 놓고 있다.)
- A lack of communication between the art department and the marketing team resulted in a missed deadline.
  (디자인 부서와 영업부 사이의 의사소통 부족으로 마감일을 맞추지 못했다.)

| 985 | **compel** | 강요하다 |
| 986 | **expel** | 추방하다 |

- They compelled obedience from us.
  (그들은 우리에게 복종을 강요했다.)
- He was expelled from the school. (그는 퇴학당했다.)

| 987 | **competent** | 유능한 |
| 988 | **competitive** | 경쟁적인 |

- He was a competent secretary. (그는 유능한 비서였다.)
- competitive power (경쟁력)

CHAPTER 04 혼동하기 쉬운 어휘

www.properenglish.co.kr

| 989 | **complement** | 보충, 보완하다 |
| 990 | **compliment** | 칭찬, 칭찬하다 |

- This is an indispensable complement.
  (이것은 불가결한 보충물이다.)
- It was a backhanded compliment. (그것은 비꼬는 듯한 칭찬이었다.)

| 991 | **complex** | 복합의, 복잡한, 종합 단지 |
| 992 | **complexion** | 안색, 용모, 형세(상황) |

- This system has a very complex network.
  (이 시스템은 매우 복잡한 네트워크를 가지고 있다.)
- He has a good complexion. (그는 안색이 좋다.)

993	**conceive**	생각해내다, ~라고 여기다
994	**deceive**	속이다, 현혹시키다
995	**perceive**	인지하다, 이해하다, 깨닫다

- He conceived the project while he was on vacation.
  (그는 휴가 동안에 그 계획을 생각해냈다.)
- I was deceived by his faulty reasoning.
  (나는 그의 잘못된 추론에 속아 넘어갔다.)
- I perceived a note of unhappiness in her voice.
  (나는 그녀의 목소리에서 불행의 음조를 알아차렸다.)

04. 혼동하기 쉬운 어휘

996 con**demn** 비난하다, 유죄판결하다
997 con**temn** 무시하다, 경멸하다

- Condemn the offense, but pity the offender.
  (죄는 미워해도 사람은 미워하지 마라.)

998 c**one** 원뿔
999 c**orn** 옥수수, 곡물

- It is a right circular cone. (그것은 직원뿔이다.)
- What is the best way to cook corn on the cob?
  (옥수수를 통째로 익히는 데 가장 좋은 방법이 뭐예요?)

1000 con**firm** 확인하다
1001 con**form** 순응하다

- You must confirm your identity with your signature.
  (당신은 서명을 하여 본인 확인을 받아야 한다.)
- Tom is an irreverent, iconoclastic figure who refuses to conform. (탐은 순응을 거부하는 불손하고 인습 타파적인 인물이다.)

CHAPTER 04 혼동하기 쉬운 어휘

www.properenglish.co.kr

| 1002 | **coun**cil | 의회 |
| 1003 | **coun**sel | 상담, 충고 |

- My uncle is a member of a city council.
  (우리 삼촌은 시의회 의원이시다.)
- He counseled me to quit smoking.
  (그는 나에게 담배를 끊으라고 충고했다.)

| 1004 | **coope**rate | 협동하다 |
| 1005 | **corpo**rate | 단체의, 공통의, 법인조직의 |

- Our hope is that at this time all parties will cooperate.
  (우리의 바람은 이 시점에서 모든 당사자들이 협력해야 한다는 것이다.)
- The building house the company's corporate headquarters.
  (이 빌딩에 그 회사의 본사가 있다.)

1006	**cred**ulous	남을 잘 믿는
1007	**cred**ible	믿어질 수 있는
1008	**cred**itable	찬양받을 만한

- a credulous person (어수룩한 사람)
- She is a credible witness. (그녀는 신뢰할 만한 증인이다.)

04. 혼동하기 쉬운 어휘

1009 **considerate** 사려 깊은
1010 **considerable** 상당한

- He is always polite and considerate towards his fellow workers. (그는 항상 동료들에게 정중하고 사려가 깊다.)
- Prices declined considerably from the high peak of January. (물가는 1월에 정상에 달한 후 상당히 하락하였다.)

1011 **dairy** 낙농장, 낙농업, 유제품의
1012 **diary** 일기
1013 **daily** 매일(의), 일간 신문

- This dairy product has passed the expiration date. (이 유제품은 유통 기한이 지났습니다.)
- He keeps a diary in English. (그는 영어로 일기를 쓴다.)
- I bought a daily newspaper (일간 신문 한 부를 샀다.)

1014 **decent** 알맞은, 예의바른, 고상한
1015 **descent** 하강
1016 **dissent** 의견을 달리하다, 불찬성

- Is there a decent dry cleaner around here? (이 근처에 괜찮은 세탁소 있어요?)
- We're going to begin the descent for Los Angeles. (로스앤젤레스 착륙을 위해 하강하기 시작합니다.)
- make a gesture of dissent (몸짓으로 불찬성을 나타내다)

CHAPTER 04 혼동하기 쉬운 어휘

www.properenglish.co.kr

| 1017 | **definite** | 명확한 |
| 1018 | **infinite** | 무한한 |

- The minister avoided giving a definite answer.
  (장관은 확답을 피했다.)
- infinite gratitude (무한한 감사)

| 1019 | **compose** | 구성하다, 작곡하다 |
| 1020 | **impose** | 강요하다, 부과하다 |

- Schubert composed the Unfinished Symphony.
  (슈베르트는 미완성 교향곡을 작곡했다.)
- A curfew was imposed on the city.
  (그 도시에 야간 외출 금지령이 내려졌다.)

| 1021 | **die** | 죽다 |
| 1022 | **dye** | 염색하다, 물들이다 |

- The flower died at night. (그 꽃은 밤새 시들어버렸다.)
- This cloth dyes well. (이 천은 염색이 잘 된다.)

> 참고
> - die - died - died / dying
> - dye - dyed - dyed / dyeing

04. 혼동하기 쉬운 어휘

1023 discrete — 별개의, 분리된
1024 discreet — 분별 있는, 신중한

- a series of discrete events (일련의 별개의 사건들)
- Though he is young, he is discreet.
  (그는 나이가 어리지만 분별이 있다.)

1025 desirous — 갈망하는
1026 desirable — 바람직한

- He is very desirous of visiting France.
  (그는 프랑스에 몹시 가고 싶어 한다.)
- It is desirable for him to go there at once.
  (그가 당장 거기 가는 것이 바람직하다.)

1027 different — 다른
1028 indifferent — 무관심한

- Understanding the dress code can be confusing and difficult because it may mean different things to different individuals. (개인별로 복장 규정에 대한 해석이 다를 수 있기 때문에 규정 이해의 어려움과 혼란이 있을 수 있습니다.)
- She is indifferent to politics. (그녀는 정치에 대해 무관심하다.)

CHAPTER 04 혼동하기 쉬운 어휘

www.properenglish.co.kr

| 1029 | **eligible** | 적당한, 바람직한, 자격이 있는 |
| 1030 | **illegible** | 읽기 어려운 |

- He is not eligible to enter the game.
  (그는 경기에 참가할 자격이 없다.)
- illegible handwriting (읽기 어려운 필체)

| 1031 | **economic** | 경제학적인 |
| 1032 | **economical** | 절약적인 |

- The National Economic Research Bureau's assessment used several economic indicators in making its calculation, including measures of GDP. (국립경제조사국의 평가액은 산정 자료로 국내총생산을 포함한 몇 가지 경제 지표를 사용했다.)
- This system was extremely economical because it ran on half-price electricity. (이 장치는 원가가 절반 밖에 안 드는 전기로 돌아가기 때문에 비용이 매우 절감되었다.)

| 1033 | **expand** | 팽창하다 |
| 1034 | **expend** | 소비하다 |

- A tire expands when you pump air into it.
  (펌프로 공기를 넣으면 타이어는 팽창한다.)
- We expended a great deal of time and energy in doing the work. (우리는 그 일에 많은 시간과 정력을 소비했다.)

04. 혼동하기 쉬운 어휘

1035 faint 어렴풋한, 실신하다
1036 feint 거짓꾸밈, 가짜공격

- I heard a faint voice. (나는 희미한 목소리를 들었다.)
- He made a feint of studying hard, though actually he was listening to the radio.
(그는 사실 라디오를 듣고 있었는데 열심히 공부하는 것처럼 가장했다.)

1037 fertile 비옥한, 풍부한
1038 futile 쓸데없는

- He is fertile of originality. (그는 독창력이 풍부하다.)
- Attempts to convince him are futile.
(그를 설득시키는 것은 쓸데없는 짓이다.)

1039 healthy 건강한
1040 healthful 건강에 좋은

- Healthy people who retire grow bored very quickly.
(건강하던 사람이 퇴직하면 금방 권태감을 느끼게 됩니다.)
- Not too long ago tanning was fashionable and even promoted by doctors as a healthful activity. (얼마 전만 해도 선탠이 유행이었으며 심지어, 건강에 좋은 활동으로 의사들이 권장했다.)

CHAPTER 04 혼동하기 쉬운 어휘

www.properenglish.co.kr

| 1041 | **human** | 인간적인, 인간과 관련된 |
| 1042 | **humane** | 인도적인, 자비로운 |

- the enjoyment and exercise of human rights
  (인권의 향유 및 행사)
- a humane attitude (인도적인 태도)

| 1043 | **humility** | 겸손 |
| 1044 | **humiliation** | 굴욕 |

- Humility is the foundation of all virtues. (겸손은 미덕의 근본이다.)
- He was spared that humiliation. (그는 그런 굴욕을 면했다.)

1045	**imaginary**	가상의
1046	**imaginative**	상상력이 풍부한
1047	**imaginable**	상상할 수 있는

- What is an 'Imaginary Field Trip'? ('가상 현장 학습'이 무엇인가요?)
- We are looking for someone hard-working, superenergetic, ambitious, imaginative, and organized to join our growing ad sales team. (날로 성장하고 있는 저희 광고 판매 팀에 합류할 근면하고 의욕적이며 포부가 크고 상상력이 풍부한 부지런한 인재를 찾고 있습니다.)
- Newsgroup postings represent the wisdom, experiences, and opinions of millions of people around the world on just about any topic imaginable. (뉴스 그룹 게시는 상상 가능한 모든 주제에 대한 전 세계 수백만 명의 지혜, 경험 및 의견을 나타낸다.)

04. 혼동하기 쉬운 어휘

1048 **industrial** 산업의
1049 **industrious** 근면한

- Various industrial activities in Korea were greatly animated. (한국의 여러 산업 활동이 매우 활기를 띠게 되었다.)
- He was not industrious in his youth, but now he works very hard. (그는 젊었을 때에는 근면하지 않았지만 지금은 아주 열심히 일한다.)

1050 **irrigate** 물을 대다
1051 **irritate** 짜증나게 하다

- irrigate a rice field (논에 물을 대다)
- I was irritated at her manner. (나는 그녀의 태도에 화가 나 있었다.)

1052 **ingenious** 발명의 재능이 있는
1053 **ingenuous** 솔직한, 순진한

- It was an ingeniously set trap. (그것은 교묘히 짜여진 함정이었다.)
- an ingenuous smile (천진난만한 미소)

1054 **intension** 강화, 강렬함
1055 **intention** 목적, 의도

- I have not the slightest intention of doing it.
  (나는 그럴 의사는 추호도 없다.)

CHAPTER 04 혼동하기 쉬운 어휘

www.properenglish.co.kr

| 1056 | **jealous** | 시샘하는 |
| 1057 | **zealous** | 열심인, 열성적인 |

- She was jealous of her friend's wealth.
 (그녀는 친구의 재물을 질투했다.)
- He is zealous to please his wife.
 (그는 아내를 기쁘게 해주려고 열심이다.)

| 1058 | **judicial** | 사법의 |
| 1059 | **judicious** | 분별력 있는 |

- The judicial power will be put in action. (사법권이 발동될 것이다.)
- a judicious choice (현명한 선택)

| 1060 | **lawn** | 잔디 |
| 1061 | **loan** | 빌려주기, 대여, 차관 |

- The men are mowing the lawn. (남자들이 잔디를 깎고 있다.)
- When do I find out if I've been approved for the loan?
 (제가 대출 승인을 받았는지를 언제 알 수 있을까요?)

| 1062 | **lessen** | 줄이다 |
| 1063 | **lesson** | 수업, 교훈 |

- Light lessens as evening comes on. (저녁이 다가오면서 해가 저물어 간다.)
- She is not very bright at her lessons.
 (그녀의 학과 성적은 그다지 좋지 않다.)

04. 혼동하기 쉬운 어휘

1064 luxuriant 번성한, 풍부한
1065 luxurious 사치스러운, 방종한

- The trees have grown luxuriant. (수목이 울창하게 자랐다.)
- Few artists live luxuriously. (사치스럽게 사는 예술가는 거의 없다.)

1066 literal 문자의
1067 literary 문학적인
1068 literate 읽고 쓸 수 있는

- the literal meaning of a word (말의 문자 그대로의 의미)
- He is writing a series of articles on literary criticism for a newspaper. (그는 신문에 문예 평론을 연재하고 있다.)
- Only half of the children in this class are literate. (이 학급 어린이들의 절반만이 글을 읽고 쓸 수 있다.)

1069 marital 결혼(생활)의, 부부간의
1070 martial 호전적인, 군대의, 전쟁의
1071 maritime 바다의, 해변의, 선원의

- They should go on a tour and have marital counseling sessions. (그들은 순회를 다니면서 부부 문제를 상담해 주어야 한다.)
- Taekwondo is one of oriental martial arts. (태권도는 동양 무술 중 하나이다.)
- Amalfi and Venice were important maritime powers. (아말피와 베니스는 중요한 해상세력이었다.)

CHAPTER 04 혼동하기 쉬운 어휘

www.properenglish.co.kr

| 1072 | **moan** | 신음소리, 신음하다 |
| 1073 | **mourn** | 슬퍼하다 |

- He gave a moan of pain. (그는 괴로움의 신음 소리를 내었다.)
- She mourned over the death of her friend.
  (그녀는 친구의 죽음을 애도했다.)

| 1074 | **moment** | 순간, 중요성 |
| 1075 | **momentum** | 운동력, 계기 |

- The passing years are but fleeting moments.
  (세월은 덧없이 흘러가는 한 순간일 뿐이다.)

1076	**momentary**	순간의
1077	**momentous**	중대한, 중요한
1078	**monetary**	화폐의, 금융의
1079	**monitory**	권고하는, 경고하는

- a momentary impulse (순간적인 충동)
- a momentous decision (중대한 결정)
- The monetary unit of Korea is the won.
  (한국의 화폐 단위는 원이다.)

04. 혼동하기 쉬운 어휘

1080 mass 덩어리, 대중의, 대량의
1081 mess 혼란(상태), 더러운 것

- a mass of earth (흙덩어리) / mass education (대중교육)
- Clean up this mess now! (이 어질러진 것들을 당장 청소해라!)

1082 massage 마사지
1083 message 전언, 메시지

- Maybe you should go for a massage.
  (아무래도 마사지를 받는 게 좋겠군요.)
- Please leave a message after the beep.
  (발신음이 난 뒤 메시지를 남겨주세요.)

1084 moral 도덕의, 도덕을 지키는
1085 morale 사기, 의기
1086 mortal 죽어야 할 운명의, 치명적인

- I consider myself a moral person.
  (나는 내가 도덕적인 사람이라 여긴다.)
- While trapped in a carve by the avalanche, the men kept up their morale by singing.
  (눈사태로 동굴에 갇힌 그 사나이들은 노래를 불러서 자신들의 사기를 떨어지지 않게 했다.)
- mortal combat (사투(死鬪))

CHAPTER 04 혼동하기 쉬운 어휘

www.properenglish.co.kr

| 1087 | **per**secute | 박해하다, 학대하다, 괴롭히다 |
| 1088 | **pro**secute | 고소하다 |

- The boy persecuted me with questions.
  (그 소년은 나에게 귀찮게 질문을 해댔다.)
- He was prosecuted for forgery. (그는 위조죄로 기소되었다.)

| 1089 | **per**sist | 지속하다 |
| 1090 | **re**sist | 저항하다 |

- I hope the good weather will persist for our holiday.
  (휴일에 좋은 날씨가 계속되었으면 좋겠다.)
- I could not resist the temptation to smoke.
  (담배의 유혹을 이기지 못했다.)

| 1091 | pr**ay** | 기도하다 |
| 1092 | pr**ey** | 먹이 |

- She prayed God for forgiveness. (그녀는 하느님께 용서를 빌었다.)
- fall a prey to a shark (상어 밥이 되다)

| 1093 | princip**al** | 교장, 주요한 |
| 1094 | princip**le** | 원리, 원칙 |

- We were bored to death by the principal's speech.
  (교장 선생님의 연설은 참 지루했다.)

04. 혼동하기 쉬운 어휘

- It's my principle neither to borrow nor to lend money.
  (돈은 꾸지도 꾸어주지도 않는다는 것이 내 원칙이다.)

1095 **personal** — 개인의
1096 **personnel** — 사원, 인사과

- Advances in technology have made personal banking more convenient. (기술의 발달로 개인의 은행 업무가 더욱 편리해졌다.)
- I'd like to talk to the personnel director.
  (저는 인사과장님과 얘기하고 싶습니다.)

1097 **phase** — 면, 양상, 단계
1098 **phrase** — (문법) 구

- The revolution entered a new phase.
  (혁명은 새로운 단계에 들어갔다.)
- The speaker certainly has a way with phrases.
  (그 연사는 확실히 문장을 잘 구사한다.)

1099 **pile** — 쌓아 올린 더미
1100 **file** — 서류철, 파일

- Move that pile of books! (저 책 더미 좀 옮겨라.)
- The four-drawer file is more practical than the two-drawer file. (서랍 4개짜리 파일 캐비닛이 2개짜리보다 더 실용적이다.)

CHAPTER 04 혼동하기 쉬운 어휘

www.properenglish.co.kr

1101	**poem**	(한 편의) 시
1102	**poet**	시인
1103	**poetry**	(집합적) 시, 운문

- What do you think of my poem? (내 시에 대해 어떻게 생각하니?)
- Who would you name as the greatest poet of our time?
  (너는 누구를 우리시대의 가장 위대한 시인이라 말 할꺼니?)
- This poetry is realistic. (그의 시는 현실적이다.)

| 1104 | **pop** | 튀어나오다, 대중음악의 |
| 1105 | **pope** | 로마 교황 |

- The bottle popped when I opened it.
  (내가 병을 땄을 때 뻥하고 소리가 났다.)
- The Pope will visit Britain next year.
  (교황은 내년에 영국을 방문할 것이다.)

1106	**proceed**	나아가다, 시작하다, 속행하다
1107	**process**	진행, 과정, 방법
1108	**precede**	선행하다

- I think we should proceed cautiously.
  (나는 우리가 신중하게 진행해야 한다고 생각해.)
- I will tell you all about the process. (그 과정을 모두 얘기해 줄게.)
- Lightning precedes thunder. (천둥이 치기 전에 번개가 번쩍인다.)

04. 혼동하기 쉬운 어휘

1109 properly — 당연히, 똑바로, 적당하게
1110 property — 재산, 부동산

- I still can't speak English properly.
  (나는 여전히 영어를 올바르게 말하지 못한다.)
- This small house is my only property.
  (이 작은 집이 내 전 재산이다.)

1111 pursue — 뒤쫓다, 추적하다, 추구하다
1112 persuade — 설득하다, 믿게 하다
1113 dissuade — 그만두게 하다(설득하다)

- We pursue eternity. (우리는 영원을 추구한다.)
- Mother persuaded me to go to hospital.
  (어머니는 나를 병원에 가도록 설득했다.)
- I'm trying to dissuade her from buying a TV.
  (나는 그녀가 텔레비전을 보지 않도록 설득하려 노력 중이다.)

1114 receipt — 영수, 영수증
1115 recipe — 비결, 조리법, 처방(전)

- Ask the shop for a receipt when you pay the bill.
  (네가 청구서를 지불할 때 상점에 영수증을 요청해라.)
- Working hard is one of many recipes for success.
  (열심히 일하는 것은 성공의 많은 비결들 중 하나이다.)

CHAPTER 04 혼동하기 쉬운 어휘

1116	**respectable**	존경받을만한
1117	**respectful**	남을 존경하는
1118	**respective**	상대적인, 각각의

- The three orphans have grown up to be respectable persons. (그들 세 고아는 다 훌륭한 사람이 되었다.)
- You ought to be respectful towards your parents. (어버이를 공경하라.)
- The students went back to their respective rooms. (학생들은 각각의 방으로 돌아갔다.)

| 1119 | **sauce** | 소스, 양념 |
| 1120 | **saucer** | 받침, 접시 |

- Could you get me some tomato sauce? (토마토소스 좀 가져다주시겠어요?)
- The saucer fell out of her hands and broke. (그 받침 접시는 그녀의 손에서 떨어져 깨졌다.)

04. 혼동하기 쉬운 어휘

1121	saw	톱질하다
1122	sew	꿰매다, 바느질하다
1123	sow	씨 뿌리다

- Dad sawed the board in two. (아빠는 톱으로 그 판자를 둘로 잘랐다.)
- They teach the children to cook and sew.
  (그들은 아이들에게 요리와 바느질을 가르친다.)
- The field is moderately wet and just right for sowing.
  (땅이 축축해서 씨 뿌리기에 알맞다.)

| 1124 | social | 사회적인 |
| 1125 | sociable | 사교적인 |

- Man is born a social animal. (인간은 원래 사회적 동물이다.)
- He is not a sociable man. (그는 사교적이지 않다.)

| 1126 | stationary | 움직이지 않는 |
| 1127 | stationery | 문방구, 문구 |

- A stationary target is easy to aim at.
  (움직이지 않는 표적은 겨냥하기 쉽다.)
- He works at the stationery store as a clerk.
  (그는 문방구에서 점원으로 일하고 있다.)

CHAPTER 04 혼동하기 쉬운 어휘

www.properenglish.co.kr

1128	**sens***itive*	민감한
1129	**sens***ible*	분별력 있는
1130	**sens***ual*	관능적인
1131	**sens***ory*	감각의

- The fire alarms here are so sensitive that they're always being set off by cigarette smoke.
  (이곳의 화재경보기는 매우 민감해서 담배 연기에도 소리를 낸다.)
- The sensible solution to this problem is to talk about the disagreements and try to compromise.
  (이 문제에 대한 현명한 해결 방안은 의견의 불일치에 대해 토의하고 타협하려고 노력하는 것이다.)
- a sensual painting (관능적인 그림)
- Scientists at the Institute for Sensory Phenomenon have found that certain spinal cord neurons are responsible for feeling itches. (감각현상연구소의 과학자들은 척수에 위치한 특정 신경 세포가 가려움을 유발한다는 사실을 밝혀냈다.)

| 1132 | **success***ful* | 성공적인 |
| 1133 | **success***ive* | 연속적인 |

- As well as being a successful director, Martin is also a passionate advocate for film restoration.
  (마틴은 성공한 감독일 뿐 아니라 필름 복원을 열렬히 지지하는 사람이다.)
- Our team has chalked up a fourth successive victory.
  (우리 팀은 올해 네 번째 연승을 확보했다.)

04. 혼동하기 쉬운 어휘

1134	tale	이야기, 설화
1135	tail	꼬리, 끄트머리
1136	tailor	재봉사, 재단사

- Children like tales of marvelous things.
  (아이들은 경이로운 일들에 관한 이야기를 좋아한다.)
- The dog wagged its tail. (그 개는 꼬리를 흔들었다.)
- The tailor is cutting up the fabric. (재봉사가 천을 재단하고 있다.)

| 1137 | terrible | 끔찍한 |
| 1138 | terrific | 훌륭한, (속도 등이)무시무시한 |

- His death by drowning came as a terrible shock, given his prowess as a swimmer.
  (수영 선수로서 탁월한 기량을 지녔던 그가 익사한 것은 끔찍한 충격이었다.)
- Juvenile crime is increasing at a terrific rate.
  (청소년 범죄가 무서운 속도로 증가하고 있다.)

CHAPTER 04 혼동하기 쉬운 어휘

www.properenglish.co.kr

1139	**thorough**	완전한, 철저한
1140	**though**	~에도 불구하고, ~이기는 하지만
1141	**through**	통과하여, ~을 지나서, ~을 통해
1142	**throw**	던지다, 발사하다, 분출하다

- He is a thorough vegetarian. (그는 철저한 채식주의자이다.)
- We'll be able to sell almost all of it, though at a significant discount.
  (비록 대폭 할인된 가격이기는 하지만, 우리는 그것의 대부분을 팔 수 있을 것입니다.)
- Electric current does not flow through water, but through the impurities in water.
  (전류는 물을 통해 흐르는 것이 아니라 물속의 불순물을 통해 흐른다.)
- Tommy is throwing bread to the ducks.
  (Tommy는 오리들에게 빵을 던져 주고 있다.)

| 1143 | **tolerable** | 참을 수 있는, 상당한 |
| 1144 | **tolerant** | 관대한 |

- He gained tolerable proficiency in foreign languages.
  (그는 외국어에 상당히 능통하다.)
- There's a general feeling that the president has been too tolerant of corruption.
  (대통령이 부패에 너무 관대해왔다는 것이 전반적인 분위기이다.)

04. 혼동하기 쉬운 어휘

| 1145 | **urban** | 도시의 |
| 1146 | **urbane** | 세련된 |

- The President voiced his concern about the continuing violence in the nation's urban areas.
  (대통령은 계속되는 국내 도시 폭력 사태에 대해 우려를 표명했다.)
- an urbane manner (세련된 태도)

| 1147 | **vague** | 모호한 |
| 1148 | **vogue** | 유행 |

- I have only a vague notion of what she does for a living
  (그녀가 생계를 위해 어떤 일을 하는지 나는 그저 어렴풋이 알고 있을 따름이다)
- It is now the vogue. (그것이 지금 대유행이다.)

| 1149 | **wander** | 방황하다 |
| 1150 | **wonder** | 놀라다, 궁금하다 |

- He likes to wander from street to street.
  (그는 이 거리 저 거리를 돌아다니는 것을 좋아한다.)
- I wondered to see him there. (거기서 그를 만나 놀랐다.)

최강어휘 최강암기

TOP VOCABULARY

05 어근과 접사

Etymology

CHAPTER 05 어근과 접사

접두사 정리
Chapter5를 시작하기에 앞서 중요 접두사(prefix)를 정리해 둡시다.

의미	접두사	단어	
앞	ante -	anticipate 기대하다	ancestor 조상
	fore -	foremost 으뜸가는	foresee 예견하다
	pre -	predict 예언하다	precaution 조심, 경계
	pro -	project 계획(하다)	propose (제안하다)
뒤	post -	postpone 연기하다	postscript 추신
	re -	recover 회복하다	replace 교체하다
	with -	withdraw 철수하다	withstand 저항하다
위	over -	overcome 극복하다	overhead 머리 위에
	super -	superior 우수한	superficial 피상적인
	up -	upset 뒤집어엎다	upside 위쪽
아래	de -	descend 내려가다	despise 경멸하다
	sub -	submarine 해저의, 잠수함	subconscious 잠재의식의
	under -	undertake 떠맡다	undergo 겪다
안	in -	input 투입	insight 통찰력
밖	ex -	export 수출(하다)	expose 노출시키다
	extra -	extracurricular 과외의	extraordinary 이상한
	out -	output 산출	outline 윤곽
방향	~에 : a -	abroad 외국에	ashore 해변에
	~을 향하여 : ad -	adjust 조절하다	approach 접근(하다)
	~사이에 : inter -	international 국제적인	interfere 간섭하다
	~으로 : ob -	observe 관찰하다, 준수하다	obtain 획득하다
관통	dia -	diameter 직경	dialog(ue) 대화
	trans -	transfer 옮기다	transparent 투명한

탑보카 시험장어휘

05. 어근과 접사

접두사 정리

Chapter5를 시작하기에 앞서 중요 접두사(prefix)를 정리해 둡시다.

부정·반대	anti -	antipollution 공해 방지(의)	antibiotic 항생 물질(의)
	contra -	contradict 반박하다	contrary 반대의
	dis -	disappear 사라지다	disagree (의견이) 일치하지 않다
	in -	inevitable 피할 수 없는	intolerable 참을 수 없는
	ob -	obstacle 장애물	oppose 반대하다
	un -	unfair 불공평한	unlock 자물쇠를 열다
분리·이탈	ab -	absurd 불합리한	absolute 절대적인
	de -	depart 떠나다	detach 분리하다
	dis -	dispose 처분하다	dismiss 해고하다, 내쫓다
	se -	separate 분리시키다	secure 위험이 없는
수	하나 : mono -	monolog(ue) 독백	monarch 군주
	uni -	unique 유일한	unite 결합하다
	bi -	bicycle 자전거	billion 10억
	둘 : du -	dual 둘의	
	twi -	twist 꼬다	twilight 어스름
	셋 : tri -	triple 3배의	tribe 부족
결합	com -	compose 구성하다	co(-)operate 협력하다
	sym	sympathy 동정	symphony 교향곡
강조	a -	ashamed 부끄러워하여	amaze 깜짝 놀라게 하다
	be -	beloved 매우 사랑하는	belong ~에 속하다
	de -	deserve ~을 받을 만하다	declare 선언하다
	per -	perfect 완전한	persuade 설득하다
자신·스스로	auto -	automobile 자동차	autobiography 자서전
기타	~이 되게 하다 : en -	enable ~할 수 있게 하다	enrich 부유하게 하다
	땅의 : geo -	geography 지리학	geology 지질학
	많은 : multi -	multitude 다수	multiply 곱하다
	먼 : tele -	telegram 전보	telepathy 텔레파시

CHAPTER 05 어근과 접사

cert 확실한(sure)

1151 ascertain 확인하다
- I want to ascertain your wishes. (너의 희망을 확인하고 싶다.)

1152 certain 확실한, 틀림없는
- It is certain to snow tomorrow. (내일은 필히 눈이 올 것이다.)

1153 certify 증명하다
- I certify that he is a diligent student.
(그가 착실한 학생임을 보증합니다.)

1154 certificate 증명서, 면허증
- a health certificate (건강 증명서)

over 넘어, 위에(above) / 과다하게

1155 overcast 구름으로 덮다, 흐리게 하다
- Clouds began to overcast the sky. (구름이 하늘을 덮기 시작했다.)

1156 overestimate 과대평가하다
- overestimate one's own ability (자기의 힘을 과신하다)

1157 overhear 우연히 듣다, 엿듣다
- They spoke so loud that we couldn't help overhearing what they said. (그들이 큰 소리로 말하므로 안 들릴 수가 없다.)

1158 overlap   겹치다, 포개다
- The screen has two overlapping scenes. (화면이 둘로 겹쳐지다.)

1159 overcome   이겨내다, 극복하다
- A learner of a second language has many obstacles to overcome. (제2외국어를 배우는 사람은 극복할 많은 장애물을 가지고 있다.)

1160 overdo   지나치게 하다, 도를 지나치다
- It is important not to overdo an exercise.
(운동을 지나치게 하지 않는 것이 중요하다.)

1161 overdue   지불 기한이 넘은
- The library book is overdue. (그 도서관 책은 반납기한이 지났다.)

1162 overflow   넘치다, 범람하다
- Don't let the water overflow! (물이 넘치게 하지 마라.)

1163 overlook   내려다보다, 눈감아주다
- The house on the hill overlooks the valley.
(언덕위의 그 집은 계곡을 내려다보고 있다.)

1164 overpay   초과지불하다
- I received a credit after overpaying the bill.
(초과 지불에 대한 환불을 받았다.)

1165 overseas   해외의, 외국의
- I'm going to take a trip overseas. (나는 해외여행을 할 것이다.)

CHAPTER 05 어근과 접사

1166 overtime — 초과근무, 초과근무 수당
- He was paid overtime for working around the clock.
  (그는 온종일 일한 것에 대해 초과근무수당을 받았다.)

1167 overturn — 뒤집어엎다, 뒤집다, 전복
- She overturned the chairs. (그녀는 의자를 뒤집어엎었다.)

1168 overwhelm — 압도하다, 감동하다
- He was overwhelmed by the intensity of her love.
  (그는 그녀의 강한 사랑에 감동했다.)

1169 overwork — 과도하게 일시키다, 과로하다
- You must not overwork yourself. (당신은 과로해서는 안 됩니다.)

spir 숨을 쉬다(breathe)

1170 aspire — 열망하다
- He aspires to greatness. (그는 대망을 품고 있다.)

1171 conspire — 공모하다
- They conspired to drive him out of the country.
  (그들은 그를 국외로 추방하려고 공모했다.)

1172 expire — (계약, 보증) 만기되다
- My passport expires in three months. Can I still get a work visa?
  (여권이 세 달 후에 만료되는데, 그래도 취업 비자를 받을 수 있나요?)

1173 inspire — 고무, 격려하다

- Your presence will inspire me with great confidence.
  (너와 같이 있으면 마음이 든든하다.)

1174 perspire — 땀이 나다

- I have a meeting with Mr. Fisher in an hour and my palms are already perspiring.
  (Fisher씨와 한 시간 후에 면담이 있는데, 벌써부터 손바닥에 진땀이 나요.)

1175 respire — 호흡하다, 숨 쉬다

- Fish respire through their gills. (어류는 아가미를 통해 숨을 쉰다.)

vade 가다(go)

1176 evade — 피하다

- He evaded making his comment on it.
  (그는 그 일에 관해서 언급을 회피하였다.)

1177 invade — 침입하다

- Women everywhere are invading the spheres of men.
  (각 분야에 걸쳐 여자가 남자의 영역을 침범하고 있다.)

1178 pervade — 침투하다, 보급하다

- Spring pervaded the air. (봄기운이 대기에 충만했다.)

CHAPTER 05 어근과 접사

tend — 뻗다(stretch)

1179 attend 참석하다
- He attends church services on Sundays.
  (그는 일요일마다 예배에 참석한다.)

1180 contend 싸우다, 논쟁하다, 주장하다
- Columbus contended that the earth is round.
  (콜럼버스는 지구가 둥글다고 주장했다.)

1181 extend 뻗다, 연장하다
- The enterprise is planning to extend its business abroad.
  (그 기업은 해외 진출을 계획하고 있다.)

1182 intend ~할 작정이다, 의도하다
- I did not intend to insult you at all.
  (당신을 모욕할 생각은 추호도 없었다.)

1183 pretend ~인체하다
- He pretends to know much. (그는 박학한 체한다.)

volv, volu — 말다, 돌다(roll)

1184 involve 포함하다, 수반하다
- Mountain climbing involves great risks.
  (등산에는 큰 위험이 따른다.)

1185 evolve — 발전시키다, 진화하다
- Thus, as a business evolves, so does its customer base.
(그래서 회사가 발전함에 따라 고객층도 바뀌게 됩니다.)

1186 evolution — 발달, 진화
- That's the theory of evolution. (그것이 진화론이다.)

1187 revolt — 반란, 폭동
- People revolted against their rulers.
(민중은 지배자들에 대하여 반란을 일으켰다.)

1188 revolution — 혁명, 회전
- The Industrial Revolution took place in 18th century.
(산업 혁명은 18세기에 일어났다.)

1189 revolve — 회전하다
- The moon revolves around the earth.
(달은 지구의 주위를 운행한다.)

mit — 보내다(send)

1190 mission — 사절, 사명, 전도
- Our mission is to promote peace among the nations.
(국제 평화를 촉진하는 것이 우리의 사명이다.)

1191 missionary — 선교사, 사절
- The missionary went to Africa to convert people to Christianity. (그 선교사는 사람들을 기독교로 개종시키기 위해 아프리카로 갔다.)

CHAPTER 05 어근과 접사

1192 dismiss — 해산시키다
- They dismissed me without any good reason.
  (그들은 나를 타당한 이유도 없이 해고하였다.)

1193 omit — 생략하다, 빠뜨리다
- The rest is omitted. (이하 생략)

1194 permit — 허락하다
- She's permitted to vote by virtue of her age.
  (그녀는 연령에 의해 투표가 허용되었다.)

1195 submit — 복종하다, 제출하다
- He submitted to the decision of fate.
  (그는 운명의 결정에 순순히 따랐다.)

1196 transmit — (물건 등)부치다, (지식 등)전하다
- I will transmit the money by special messenger.
  (나는 돈을 특별 배달인을 통해 보낼 것이다.)

gen — 출생(birth)

1197 generate — 일으키다, 발생시키다
- We need to generate better results.
  (더 나은 결과를 얻을 필요가 있다.)

1198 generation — 동시대 사람, 세대, 발생
- There are some laws to benefit succeeding generations.
  (여러 다음 세대에게 도움이 될 법률이 몇 가지 있다.)

05. 어근과 접사

1199 hydrogen 수소
- Water can be analyzed into oxygen and hydrogen.
(물은 산소와 수소로 분해할 수 있다.)

1200 oxygen 산소
- The lungs function to supply the body with oxygen.
(폐는 몸에 산소를 공급하는 기능을 한다.)

here, hes 달라붙다(stick)

1201 adhere 들러붙다, 신봉하다, 고수하다
- You need not adhere to your original plan.
(당신은 최초의 계획에 구애될 필요가 없다.)

1202 inherent 내재된, 타고난, 본래의
- I have an inherent distrust of lawyers.
(나는 변호사에 대해 본래부터 불신감을 가지고 있다.)

1203 inherent 고유의, 타고난
- Love is inherent in a good marriage.
(사랑은 행복한 결혼 생활에 내재해 있다.)

1204 hesitate 주저하다
- He who hesitates is lost. (주저하는 사람은 기회를 놓친다.)

CHAPTER 05 어근과 접사

val, vail — 가치 있는(worth), 강한(strong)

1205 valid — 근거가 확실한, 유효한
- It's valid only in six major cities.
  (보험이 주요 도시 여섯 곳에서만 유효하더군요.)

1206 value — 가치, 가격, 평가하다
- This is an invention of infinite value.
  (이것은 가치가 무한한 발명이다.)

1207 valuable — 가치가 있는, 값비싼
- Honesty is one of the judge's most valuable assets.
  (정직은 재판관의 가장 귀중한 자산 중 하나이다.)

1208 avail — 쓸모가 있다, 이익, 유용성
- Such arguments will not avail. (그런 논쟁은 소용이 없을 것이다.)

1209 evaluate — 평가하다
- But we need your input to evaluate the quality of their work. (하지만 그들 제품의 품질을 평가하려면 당신 의견이 필요해요.)

1210 equivalent — 동등한, 상당하는
- A mile is equivalent to about 1.6 kilometers.
  (1 마일은 약 1.6킬로미터에 상당한다.)

1211 invalid — 타당하지 않은, 무효의
- This rail pass is invalid on this route.
  (이 열차 표는 이 노선에는 무효이다.)

05. 어근과 접사

out 밖으로(outside), 능가하는

1212 outdo 능가하다
- She is anxious to outdo him in everything.
  (그녀는 모든 면에서 그를 능가하기를 열망했다.)

1213 outgrow ~보다 커지다
- outgrow one's brother (형보다 커지다)

1214 outlive ~보다 더 살다, 극복하다
- The ship outlived the storm. (배는 폭풍우를 무사히 견뎌 냈다.)

1215 outstanding 눈에 띄는
- She was an outstanding orator. (그녀는 탁월한 웅변가였다.)

1216 outstrip 따라가 앞서다, 능가하다
- I soon outstripped the slower runners.
  (나는 곧 느린 주자들을 추월했다.)

1217 outworn 시대에 뒤진, 닳아빠진
- outworn ideas (진부한 생각)

vis, vid 보다(see)

1218 visible 눈에 보이는, 명백한
- Love is not visible but valuable.
  (사랑은 보이지 않지만 소중한 거예요.)

CHAPTER 05 어근과 접사

1219 vision — 시력, 상상력, 통찰력, 환상
- What is your vision? (당신의 시력은 어떻습니까?)

1220 evident — 분명한, 명백한
- Despite his evident distress, he went on working.
  (그는 분명히 피로한데도 불구하고 일을 계속했다.)

1221 revise — 바꾸다, 교정하다, 재분류하다, 복습하다
- Her primary responsibility is to revise the accounting system. (그녀가 해야 할 주요 업무는 회계 시스템을 고치는 것이다.)

1222 revision — 개정, 수정
- Some revisions have been made in the second edition.
  (재판에서 약간의 교정을 했다.)

1223 supervise — 감독, 관리하다
- He's supervising a team of mechanics.
  (남자가 기계공들을 관리하고 있다.)

spec, spect 보다(look)

1224 aspect — 양상, 관점, 면, 용모
- Find ways to make every aspect of your job more challenging.
  (모든 업무를 좀 더 도전적인 일로 만들 수 있는 방법을 찾아보세요.)

05. 어근과 접사

1225 species 종(種)
- Stop supporting the hunting of our endangered species.
(멸종 위기에 놓인 동물의 사냥을 지원하지 마십시오.)

1226 expect 기대하다
- I expected him to come. (그가 와 주리라고 기대하고 있었다.)

1227 inspect 조사(점검)하다, 검열하다
- She's inspecting an item for sale. (그녀는 파는 물건을 살펴보고 있다.)

1228 perspective 원근화법, 시각, 견지
- His father's death gave him a whole new perspective on life. (그의 아버지의 죽음은 그에게 삶에 대한 전혀 새로운 시각을 갖게 해주었다.)

1229 prospect 전망, 가망
- The hill commands a fine prospect. (그 언덕은 조망이 좋다.)

1230 suspect 짐작하다, 추측하다, 의심하다 (= ~라고 생각하다)
- I suspected that he was the offender.
(나는 그가 범인이 아닌가 하고 의심했다.)

1231 specify 열거하다, 지정하다
- Specify whether you would like to create a networking setup disk. (네트워킹 설치 디스크를 만들 것인지 지정하십시오.)

1232 specimen 견본, 표본, 예
- He's still a fine specimen of health.
(그는 여전히 건강의 좋은 모델이다.)

CHAPTER 05 어근과 접사

1233 spectacle — 광경, 장관, 안경(pl.)
- He put on spectacles and a false mustache for a disguise.
(그는 안경과 가짜 수염으로 변장했다.)

1234 spectator — 구경꾼, 관객
- The soccer game attracted 30,000 spectators.
(그 축구 시합은 3만 명의 관중을 끌어 모았다.)

1235 speculate — 사색하다, 투기하다
- The philosopher speculated about time and space.
(그 철학자는 시간과 공간에 대해 많은 생각을 했다.)

1236 conspicuous — 눈에 띄는, 두드러진
- There was no conspicuous road sign in that highway.
(그 도로에는 눈에 들어오는 도로 표지가 없었다.)

1237 despise — 경멸하다, 혐오하다
- I despise lunching alone. (혼자서 점심 먹는 것은 싫다.)

press — 누르다

1238 compress — 압축하다, 요약하다
- Poor posture compresses the body's organs.
(자세가 나쁘면 내장기관이 압박을 받는다.)

1239 depress — 낙담시키다, 우울하게 하다
- Rainy weather always depresses me.
(비가 오는 날이면 나는 언제나 우울해진다.)

05. 어근과 접사

1240 repress — 억누르다, 진압하다
- I could not repress my anger. (분노를 금할 길이 없었다.)

1241 repressive — 제지하는, 억압적인, 진압의
- the repressive tactics of the occupying force
  (점령군의 탄압적인 전략)

1242 oppress — 압박하다, 억압하다, 탄압하다
- A good government will not oppress the people.
  (훌륭한 정부는 국민에게 압박을 주지 않는다.)

log, loqu, locut 말(word, speech)

1243 dialogue — 대화
- get rid of possible misunderstandings through dialogues
  (대화를 통해 있을지도 모를 오해를 제거하다)

1244 monologue — 독백
- Charles listened patiently to her fifteen-minute monologue.
  (찰스는 그녀의 15분 계속된 독백을 끈기 있게 들었다.)

1245 logic — 논리학, 논리, 이치
- There is a jump in the logic of his opinion.
  (그의 의견에는 논리의 비약이 있다.)

1246 apology — 사과, 변명
- I'm the one who should receive an apology.
  (사과를 받을 사람은 나다.)

CHAPTER 05 어근과 접사

1247 analogy   유사, 유추
- the analogy of a family to a nation (가정과 국가의 유사함)

1248 psychology   심리학, 심리
- He specialized in social psychology.
(그는 사회 심리학을 전공했다.)

1249 eloquent   유창한, 웅변의
- an eloquent speech (설득력 있는 연설)

pre   미리, 먼저(before)

1250 precautious   조심하는, 신중한
- He is a precautious person. (그는 신중한 사람이다.)

1251 precede   앞장서다, 우선하다
- He preceded his speech with a welcoming message.
(그는 환영사로 연설을 시작했다.)

1252 prediction   예언, 예보
- Her prediction turned out to be correct.
(그녀의 예언은 옳은 것으로 판명되었다.)

1253 preface   서문, 머리말, 시작하다
- The book has a preface written by the author.
(그 책에는 저자에 의해 쓰여 진 머리말이 들어 있었다.)

05. 어근과 접사

1254 prefix — 접두사, 앞에 두다
- 'Suffix' is the antonym of 'prefix'. (접미사는 접두사의 반의어이다.)

1255 prehistoric — 선사 시대의, 구식의
- Some prehistoric people lived in caves.
(일부 선사시대 사람들은 동굴에서 살았다.)

1256 premature — 조숙한, 시기상조의
- A small premature baby is in the incubator.
(작은 조산아기가 인큐베이터 안에 있다.)

1257 premier — 수상, 첫째의, 처음 선보이는
- Tonight is the season premier of "20/20".
(오늘밤에 "20/20"의 계절 첫 방송을 합니다.)

1258 preoccupied — 몰두한, 여념이 없는
- He was preoccupied with his work. (그는 그의 일에 여념이 없었다.)

1259 preparation — 대비, 마련
- Plans for the new school are now in preparation.
(새 학교를 위한 계획은 지금 준비 중이다.)

1260 presume — 추정하다, 상상하다
- I presume you will approve the plan.
(나는 네가 그 계획을 승인할 것이라고 추정하고 있다.)

1261 prevail — 보급되다, 우세하다
- Such ideas prevail these days. (요즘에는 그런 생각들이 우세하다.)

CHAPTER 05 어근과 접사

1262 prevent — 예방하다, 막다
- Bad weather prevented us from starting.
  (악천후는 우리가 출발하지 못하도록 막았다.)

1263 preview — 예비 조사, 시사회
- We went to the preview of a new movie.
  (나는 새 영화 시사회에 갔다.)

1264 previous — 앞의, 이전의
- I worked with him at my previous company.
  (나는 예전의 회사에서 그와 함께 일했었다.)

---

re — 다시(again), 뒤에(back)

1265 rearrange — 다시 정리(정렬)하다
- Let's rearrange the tables. (탁자를 다시 정리합시다.)

1266 recollection — 회상, 기억력
- I have no recollection of meeting him.
  (나는 그를 만난 기억이 없다.)

1267 reconsider — 재고하다, 다시 생각하다
- Please reconsider your decision. (너의 결정을 다시 생각해봐라.)

1268 recover — 되찾다, 회복하다
- She made a great effort to recover herself.
  (그녀는 회복하기 위해 많은 노력을 했다.)

05. 어근과 접사

1269 recycle — 재생하여 이용하다
- We collected empty cans for recycling.
(우리들은 재활용을 위해서 빈 깡통을 모았다.)

1270 redo — 다시 하다
- I had to redo my school project.
(나는 나의 학교 과제를 다시 해야 했다.)

1271 refine — 정련(정제)하다
- Crude oil can be refined into various petroleum products.
(원유는 다양한 석유제품들로 정제될 수 있다.)

1272 reflect — 반사(반영)하다
- The still water reflected the full moon.
(고요한 물은 보름달을 반사했다.)

1273 reflex — 반사의, 반사적인, 반사
- The doctor hit my knee with a hammer to test my reflexes.
(의사는 내 반사 신경을 검사하기 위해 망치를 가지고 나의 무릎을 쳤다.)

1274 reform — 개혁하다
- We should try to reform criminals rather than punish him. (우리는 범죄자들을 벌하기 보다는 개심하려 애써야 한다.)

1275 refresh — (원기) 회복시키다, 새롭게 하다
- It was such a hot night that I had a cold shower to refresh myself.
(너무 더운 밤이어서 나는 내 기분을 새롭게 하기 위해 찬물로 샤워를 했다.)

CHAPTER 05 어근과 접사

1276 refund 반환(물), 환불하다
- If this shirt doesn't fit, may I get a refund?
(이 셔츠는 맞지 않으면 환불받아도 돼요?)

1277 rehearsal 총연습, 리허설
- We went to the wedding rehearsal.
(우리는 결혼식 연습을 하러 갔다.)

1278 renew 새롭게 하다, 갱신하다
- It's time to renew my driver's license.
(자동차 면허증을 갱신할 때이다.)

1279 repair 수리(수선)하다
- The roof should be repaired soon. (지붕은 곧 수리되어야 한다.)

1280 repetition 되풀이, 반복
- Repetition is important when you lift weights.
(역기를 들 땐 반복이 중요하다.)

1281 replace 대신하다, 제자리에 놓다
- He bought a new sweater to replace the one he had lost.
(그는 잃어버린 옷을 대신하려고 새 스웨터를 샀다.)

1282 reply 대답, 대답하다
- I got four replies to my ad. (나는 내 광고에 대한 4개의 답신을 받았다.)

1282 reproduce 재생하다, (책을)재판하다
- Each leaf on the tree had been reproduced.
(나무의 각각의 잎은 재생되었다.)

05. 어근과 접사

1284 reset   고쳐 놓다, 맞춰 놓다
- Reset the counter to zero. (계산기를 0으로 다시 맞춰라.)

1285 restore   되돌려주다, 복구하다, 복원하다
- He restored his 1965 Ford Mustang.
(그는 그의 1965년 포드 무스탕차를 복원했다.)

1286 retreat   퇴각, 후퇴하다
- The enemy retreated after heavy losses.
(적들은 많은 손실을 입은 후 후퇴했다.)

1287 retrieve   회수하다, 되찾다
- I'll send him to retrieve it. (나는 그것을 회수하러 그를 보내겠다.)

1288 reverse   반대의, 뒤의
- It is just the reverse of what he thinks.
(그것은 그가 생각하고 있는 것과는 정반대이다.)

1289 revival   재생, 재 상영, 재 연주
- a trade revival (경제 시장의 만회)

self   자기, 스스로

1290 self-confidence   자신, 자신 과잉
- With the end of my love affair, I lost all the self-confidence I once had.
(나의 사랑이 끝남과 동시에, 나는 내가 한때 가졌던 자신감을 모두 잃었다.)

CHAPTER 05 어근과 접사

1291 self-conscious   자의식이 강한

- I could never be an actor, I'm too self-conscious.
(나는 절대로 배우가 될 수 없다. 나는 너무 자의식이 강하다.)

1292 self-defense   자기방어

- He shot the man in self-defense. (그는 정당방위로 그 사람을 쐈다.)

1293 self-educated   독학의

1294 self-esteem   자존, 자부심

- That didn't affect my self-esteem.
(그것은 나의 자존심에 영향을 끼치지 않았습니다.)

1295 selfish   이기적인, 자기 본위의

- Don't be selfish, and learn to share!
(그렇게 이기적이지 좀 말고 나누는 것도 배워봐!)

1296 self-respect   자존심, 자기 존중

- She's got too much self-respect to beg her boyfriend to stay.
(그녀는 너무 자존심이 강해서 그녀의 남자 친구가 머물도록 애걸할 수가 없다.)

1297 self-sufficient   자급자족할 수 있는, 자만심이 강한

semi   반, 부분적(으로)

1298 semiannually   반년마다, 연 2회의

- The company produces 10,000 tons of refined copper semiannually. (그 회사는 연 2회 정제된 구리 10,000톤을 생산한다.)

05. 어근과 접사

1299 semicircle 반원
- They arranged the chairs in a semicircle.
(그들은 그 의자들을 반원형으로 배치하였다.)

1300 semiconductor 반도체
- How were orders for semiconductor chips in September?
(9월의 반도체 칩의 주문량은 어떠했는가?)

1301 semifinal 준결승의
- These two teams were left [remained] after the semifinals.
(준결승 후에 이 두 팀이 남았다.)

1302 semester 한 학기, 반년 간
- Does the second semester start in August in Korea?
(한국에서는 2학기가 8월에 시작되니?)

sub 아래(under, down)

1303 subconsciously 무의식적으로
- Subconsciously I had known that I would not be in personal danger.
(무의식적으로 나는 위험한 상태로 빠지지 않을 것이라는 것을 알았다.)

1304 subdivision 구획, 일부, 지사
- That firm is a subdivision of a larger corporation.
(저 회사는 큰 회사의 지사이다.)

CHAPTER 05 어근과 접사

1305 submarine 잠수함
- The country launched a giant nuclear submarine.
  (그 나라는 거대한 핵 잠수함을 진수시켰다.)

1306 subordinate 부하, 하위의, 부수적인
- He humiliated his senior staff in front of their subordinate.
  (그는 그의 고참 직원을 아랫사람들 앞에서 창피를 주었다.)

1307 substitute 대리(인), 대용품, 대신하다
- You can substitute oil for butter in this recipe.
  (이 요리법에서는 당신은 버터 대신 식용유를 사용해도 됩니다.)

sur 넘어(over)

1308 surcharge 추가요금(을 청구하다)
- He had to pay a surcharge when he picked up the parcel. (그는 소포를 받았을 때 추가 요금을 지불해야만 했다.)

1309 surpass ~을 능가하다, 뛰어나다
- The results surpassed all of our expectations.
  (그 결과는 우리의 모든 기대를 능가했다.)

1310 surplus 과잉, 잉여(금)
- That country has a large surplus of food.
  (그 나라는 여분의 음식이 많다.)

1311 surrender   넘겨주다, 항복하다

- They surrendered the town to the enemy.
  (그들은 그 마을을 적에게 넘겨주었다.)

sym   함께(with, together), 같은(same)

1312 photosynthesis   광합성

- Photosynthesis is the way that green plants make their food using sunlight.
  (광합성이란 녹색 식물들이 태양광을 사용하여 그들의 영양분을 만들어 내는 방법이다.)

1313 sympathy   연민, 동정, 동감

- She noticed his pretended sympathy.
  (그녀는 그의 거짓스러운 동정을 눈치 챘다.)

1314 symphony   교향곡, 조화

- The orchestra played Beethoven's symphony.
  (그 관현악단은 베토벤의 교향곡을 연주했다.)

1315 synchronize   시간을 맞추다, 동시에 발생하다

- You have to synchronize the soundtrack with the film.
  (너는 영화와 음향을 맞춰야 한다.)

1316 syncopation   (음악) 당김음

- It was jazz music he loved, its syncopations.
  (그가 좋아했던 것은 재즈였고, 그것의 당김음이었다.)

1317 synoptic   개요의

- synoptic[theoretical] meteorology (총관[이론] 기상학)

CHAPTER 05 어근과 접사

tele   먼(distant)

1318 telecommunications   원격 통신

- Our business is bringing people around the world closer through telecommunications technology.
(우리 회사는 원거리 통신 기술을 통해서, 세계 각국 사람들을 더욱 가깝게 해주고 있습니다.)

1319 telegraph   전신, 전신으로 알리다

- He sent a telegraph saying that he had arrived in London safe and sound.
(그는 런던에 안전하고 편안하게 도착했다고 전신으로 알렸다.)

1320 telemarketing   텔레마케팅(전화 통신 판매)

- Telemarketing fraud has been on the increase in recent months. (최근 수 개월간 텔레마케팅 사기가 늘고 있습니다.)

1321 telepathy   정신 감응, 텔레파시

- I believe he has the powers of telepathy.
(나는 그가 텔레파시의 능력이 있다고 믿는다.)

1322 telescope   망원경

- With a telescope you can see distant galaxies.
(망원경으로 먼 별들도 볼 수 있다.)

manu 손(hand)

1323 manage 다루다, 관리하다
- I managed to figure out the problem.
  (나는 그 문제를 간신히 풀었다.)

1324 management 경영, 관리
- I'd like to study business management.
  (나는 경영학을 공부하고 싶다.)

1325 manual 손의, 소책자
- I have to check the manual. (설명서를 봐야겠어요.)

1326 manifest 명백한
- The evidence manifests the guilt. (그 증거로 유죄가 명백해진다.)

1327 manner 방법, 풍습, 태도, 예절
- A gentleman is defined as one who knows manners.
  (신사의 정의는 예의를 아는 사람인 것이다.)

1328 manipulation 교묘히 다루기, 속임
- Your manipulation is not going to work this time.
  (네 속임수는 이번에는 잘 통하지 않을 것이다.)

1329 manuscript 손으로 쓴 것, 원고
- I read her novel in manuscript. (나는 그의 소설을 원고로 읽었다.)

CHAPTER 05 어근과 접사

magni — 거대한(great)

1330 magnificent   장엄한, 장대한

Our office has an magnificent view of the city.
(우리 사무실에서는 도시의 장엄한 경관을 볼 수 있다.)

1331 majesty   위엄, 권위

Her majesty's command must be executed.
(여왕 폐하의 명령은 반드시 실행되어야 한다.)

1332 massive   부피가 큰, 대량의

His biceps are massive. (그의 이두박근은 크고 잘 발달되어 있다.)

1333 maximum   최대, 최대한(도)

What is the maximum speed of this car?
(이 차의 최대 속도는 몇이니?)

1334 mayor   시장, 읍장

The mayor of the city gave a speech to the crowd.
(시장은 군중들에게 연설을 했다.)

mand — 명령하다(order)

1335 command   명령하다, 통솔하다

He received a royal command to go to the castle.
(그는 성으로 가라는 왕명을 받았다.)

1336 mandatory 필수의, 강제의

Some companies have mandatory requirements to know two languages.
(어떤 회사는 두 가지 언어를 알아야 하는 필수 요소들을 가지고 있다.)

medi 중간의(middle)

1337 intermediate 중간의, 중급의

This novel is too difficult for intermediate students of English. (이 소설은 중급 단계의 영어 실력인 학생들에게는 너무 어렵다.)

1338 medieval 중세(풍)의

Kings lived in castles in the medieval ages.
(중세에 왕들은 성에 살았다.)

1339 midnight 밤 12시

I was not able to fall asleep until midnight.
(나는 밤 12시까지 잠들 수 없었다.)

memor 마음에 새겨두는(mindful)

1340 memorandum 비망록, 각서

Please sign your names on the memorandum.
(비망록에 이름을 서명해 주십시오.)

CHAPTER 05 어근과 접사

1341 memorial   기념물, 기념일
The most popular memorial in Washington is the Vietnam Veterans Memorial.
(워싱턴에 있는 가장 유명한 기념관은 베트남 참전 용사 기념관이다.)

1342 memorize   기억하다
You must memorize all these words before you go home.
(너는 집에 가기 전에 이 모든 단어들을 외워야 한다.)

mono   하나, 단일의(single, one)

1343 monolingual   단일 언어의, 1개 국어만 사용할 수 있는 (사람)
Even as a largely monolingual country, Great Britain holds the potential to be culturally pluralistic.
(주로 단일 언어권 국가이지만, 대영제국은 문화적으로 다원화된 나라가 될 잠재성을 지니고 있다.)

1344 monologue   독백, 일인극
He listened patiently to her twenty-minute monologue.
(그는 그녀의 20분짜리 독백을 끈기 있게 들었다.)

1345 monopoly   독점, 전매
Ford motors used to monopolize the whole car industry.
(포드 자동차는 전체 자동차 업계를 독점했었다.)

1346 monotonous   단조로운, 지루한
The atmosphere was quite monotonous. (분위기가 너무 지루했다.)

탑보카 시험장어휘

05. 어근과 접사

〈형용사 + ly〉

1347 manually 손으로, 수공으로

I had to stop the machine manually.
(나는 손으로 그 기계를 멈춰야 했다.)

1348 newly 최근, 새로이

The newly opened business was a big hit.
(새롭게 시작한 사업은 큰 성공이었다.)

1349 nicely 좋게, 상냥하게

He folded the blanket nicely. (그는 담요를 예쁘게 갰다.)

1350 obviously 명백하게, 확실히

Obviously, there are exceptions to the rule.
(명백하게도, 그 규칙엔 예외가 있다.)

1351 partly 부분적으로, 얼마간

It's partly my fault. (부분적으로는 나의 잘못이다.)

1352 practically 실제적으로, 사실상

I know practically everything about you.
(나는 실제로 너에 관한 모든 것을 알고 있다.)

1353 properly 당연히, 똑바로, 적절하게

I still can't speak English properly.
(나는 여전히 영어를 올바르게 말하지 못한다.)

1354 purposely 고의로

He purposely dropped the glass. (그는 고의로 잔을 떨어뜨렸다.)

CHAPTER 05 어근과 접사

1355 rarely 드물게, 거의~않다

He rarely goes out. (그는 드물게 외출을 한다.)

1356 readily 즉시, 가까이, 쉽게

He readily accepted an invitation to dinner.
(그는 저녁식사 초대를 기꺼이 받아들였다.)

1357 regularly 보통, 규칙적으로, 정기적으로

Take the medicine regularly three times a day.
(하루 세 번 규칙적으로 약을 먹어라.)

1358 scarcely 간신히, 거의 ~아니다

She scarcely spoke a word of English.
(그녀는 간신히 영어의 한 단어를 말했다. - 그녀는 영어를 잘 못했다.)

1359 separately 갈라져, 따로따로

Each problem should be assessed separately.
(각각의 문제는 따로따로 평가되어야 한다.)

1360 shortly 곧, 간단히

She will be back shortly. (그녀는 곧 돌아올 것이다.)

1361 similarly 유사(비슷)하게

They were similarly dressed. (그들은 옷을 비슷하게 입었다.)

1362 simultaneously 동시에

Two movies with the same story line premiered simultaneously. (같은 줄거리를 가진 두 개의 영화들은 동시에 개봉됐다.)

1363 sincerely — 성실(진실)하게, 진정으로
I would sincerely like to apologize.
(저는 진심으로 당신께 사과드리고 싶습니다.)

1364 solely — 혼자서, 오로지
I am concerned solely for your welfare.
(나는 오로지 네가 잘 살기만을 바란다.)

1365 spontaneously — 자발적으로
Her husband was never spontaneously warm or friendly toward us.
(그녀의 남편은 우리에게 자의적으로는 결코 다정하거나 친근하게 대해 주지 않았다.)

1366 strongly — 강하게
I strongly recommend that you try this.
(나는 네가 이것을 해봐야 한다고 강하게 추천한다.)

1367 terribly — 무섭게, 몹시
I'm terribly sorry about what happened.
(나는 일어난 일에 대하여 유감이다.)

-ward 향해서

1368 afterward — 그 이후, 뒤에
"We would like water and afterward we will have coffee."
(물을 갖다 주시고요. 그리고 나서 나중에 커피를 마실게요.)

1369 forward — 앞에, 전방에, 장래에
Take three paces forward. (전방으로 세 걸음 가시오.)

CHAPTER 05 어근과 접사

1370 outward — 밖을 향한
Mark was lying unconscious with no outward sign of injury. (Mark는 외관상으론 상처 하나 없이 의식불명인 채 누워있었다.)

1371 toward — ~쪽을 향하여
The sun went down toward the horizon.
(해가 지평선 쪽으로 기울었다.)

1372 backward — 뒤쪽으로, 진보가 늦은
This class is backward in mathematics.
(이 학급은 수학 진도가 뒤져 있다.)

- en ~하게 하다

1373 soften — 부드럽게 하다
The ice cream softened and began to melt.
(아이스크림은 부드러워져서는 녹기 시작했다.)

1374 thicken — 두껍게 하다
The fog is thickening. (안개가 짙어지고 있다.)

1375 darken — 어두워 지게하다
See a World of Difference With New Variations Comfort Lenses Introducing the only plastic prescription lenses that lighten and darken as the light changes.
(변형 컴포트 렌즈로 확연하게 달라진 세상을 보십시오. 빛의 변화에 따라 밝아졌다 어두워졌다 플라스틱 처방 렌즈를 소개합니다.)

1376 whiten — 희게 하다, 표백하다
toothpaste that whitens teeth. (이를 희게 하는 치약)

- ous ~의 성질을 가진

1377 marvelous — 불가사의한, 훌륭한
The actor in the starring role was marvelous.
(그 주연 배우는 훌륭했다.)

1378 tremendous — 무서운, 굉장한 양의
The play became a tremendous hit.
(그 연극은 굉장한 성공을 거두었다.)

1379 various — 다양한
We saw various kinds of flowers.
(우리는 다양한 종류의 꽃들을 보았다.)

- less ~없는

1380 helpless — 무력한, 헛된
The injured man lay helpless.
(그 부상자는 무력한 상태(잘 움직이지 못하는 상태)로 누워 있었다.)

1381 meaningless — 무의미한
The contract was meaningless. (그 계약은 무의미했다.)

CHAPTER 05 어근과 접사

1382 priceless 아주 귀중한, 값을 매길 수 없는
Good health is priceless. (건강은 매우 귀중하다.)

1383 senseless 무감각의, 분별없는
He always talks senselessly. (그는 언제나 분별없이 말을 한다.)

- able, - ible ~될 수 있는, ~하기 쉬운

1384 affordable (가격 등이) 알맞은, 감당할 수 있는
The development of an affordable electric vehicle will do much to alleviate air pollution.
(적당한 가격의 전기 자동차의 개발은 대기 오염을 줄이는 데 큰 기여를 할 것이다.)

1385 combustible 가연성의, 잘 달아오르는
It must be stored a minimum of 20 feet from combustible material such as oil, paint, grease, etc. (그것은 반드시 기름, 페인트, 윤활유 따위의 가연성 물질로부터 최소 20피트 떨어진 곳에 보관되어져야 한다.)

1386 preferable 선호될 수 있는
Work is preferable to idleness. (일을 하는 것은 빈둥거리는 것보다 낫다.)

1387 respectable 존경받을 만한
He holds a respectable position in the company.
(그는 회사에서 존경할 만한 자리에 있다.)

1388 tangible 만져서 알 수 있는, 확실한
The policy had not yet brought my tangible benefits.
(그 정책은 아직 어떤 명백한 이득도 가져오지 않았다.)

- ant, - ent ~하는

1389 significant 중대한, 중요한

This is one of the most significant studies on the subject.
(이것은 그 과목에서 가장 중요한 연구들 중 하나이다.)

1390 pleasant 즐거운, 기분 좋은

The walk was very pleasant. (산책은 매우 즐거웠다.)

1391 relevant 관련된, 타당한

That's not relevant to this issue. (그것은 이 기안에는 타당하지 않다.)

- y 강한 성질, 성향

1392 rainy 비가 오는

The rainy season has begun. (장마철이 시작되었다.)

1393 wealthy 넉넉한, 부유한

The wealthy merchant travels to Europe every year.
(그 부유한 상인은 매년 유럽을 여행한다.)

1394 windy 바람이 센, 바람 부는

It was windy and he felt cold. (바람이 불어서 그는 한기를 느꼈다.)

CHAPTER 05 어근과 접사

- ful ~로 가득 찬, ~경향이 있는

1395 mournful 슬픔에 잠긴, 음울한
- We saw a mournful expression on her face.
  (우리는 그녀의 얼굴에서 슬픔에 잠긴 표정을 보았다.)

1396 thankful 감사하고 있는
- He'll always be thankful for what you've done.
  (그는 네가 해준 일에 대해 항상 감사할 것이다.)

1397 thoughtful 생각이 깊은
- It was very thoughtful of you. (너는 매우 사려가 깊구나.)

1398 truthful 정직한
- Most religions teach you to be truthful.
  (대부분의 종교들은 정직하라고 가르친다.)

- al ~의, ~같은, ~와 관련된

1399 trivial 하찮은, 대단치 않은
- Don't waste your strength on trivial things.
  (하찮은 일에 힘을 소비하지 마라.)

1400 typical 전형적인
- Spicy foods are very typical in Korea.
  (매운 음식들이 한국에서는 매우 전형적인 것이다.)

1401 universal 우주의, 우주적인
- Football is a universal game. (미식축구는 전 세계적인 경기이다.)

최강어휘
최강암기

TOP VOCABULARY

06 기출 및 필수어휘

CHAPTER 06 기출 및 필수어휘

1402 accidental   우연한, 우발적인
The fire was accidental. (그 화재는 우발적인 것이었다.)

1403 accountant   회계사
He is an accountant with a big law firm.
(그는 큰 법률 회사의 회계사이다.)

1404 accurate   정확한, 신중한
an accurate description of the killer (살인마에 대한 정확한 묘사)

1405 acknowledge   인정하다, 답례하다
He acknowledged that he was a drug addict.
(그는 자신이 약물 중독자라는 사실을 인정했다.)

1406 acquaintance   지식, 면식, 아는 사람
He is an old acquaintance of mine.
(그는 나의 오래된 지인 중의 한 사람이다.)

1407 adequate   적당한, 충분한
an amount adequate to buy another house
(또 하나의 집을 사기에 충분한 양)

1408 adolescent   청년기의
an adolescent boy (청소년)

1409 agenda   의제, 협의 사항, 예정표
What's next on the agenda? (다음에 토의할 안건은 무엇입니까?)

1410 aisle   통로, 복도
He chose an aisle seat. (그는 통로 측 좌석을 선택했다.)

06. 기출 및 필수어휘

1411 **anniversary** (해마다의) 기념일
our tenth wedding anniversary (우리의 10번째 결혼기념일)

1412 **anticipate** 예기하다, 예상하다
It is anticipated that 100 jobs will be lost.
(100개의 직종이 없어질 것으로 예상된다.)

1413 **arrogant** 오만한, 거만한
She warns us that human beings should approach other creatures not with arrogance but with humility.
(그녀는 우리에게, 인간은 거만함이 아닌 겸손함을 가지고 다른 생물에게 다가가야 한다고 경고한다.)

1414 **assess** 평가하다, 부과하다
We tried to assess the damage.
(우리는 그 피해액을 산정하기 위해 노력했다.)

1415 **attractive** 매력적인, 관심을 끄는
an attractive woman (매력적인 여성)

1416 **bankrupt** 파산자, 파산한
If the firm cannot sell its products, it will go bankrupt.
(만일 그 회사가 상품을 팔지 못한다면, 그 회사는 파산할 것이다.)

1417 **beak** (새의) 부리, 주둥이
a black bird with a yellow beak (노란 부리를 가진 검은 새)

1418 **binoculars** 쌍안경
a pair of binoculars (쌍안경 하나)

CHAPTER 06 기출 및 필수어휘

1419 **biography**   전기, 일대기
a new biography of Winston Churchill (윈스턴 처칠의 새 전기)

1420 **blink**   깜박이다
They looked at each other without blinking.
(그들은 눈도 깜박이지 않고 서로를 쳐다보았다.)

1421 **blunt**   무딘, 무뚝뚝한
My pencil is blunt. (내 연필은 무디다.)

1422 **blur**   더러움, 희미해지다
Mist blurred the hills. (안개가 산을 희미하게 보이게 하였다.)

1423 **blush**   얼굴을 붉히다
The boy blushed easily. (그 소년은 쉽게 얼굴을 붉힌다.)

1424 **bribe**   뇌물, (뇌물로) 매수하다
He was being investigated for receiving bribes.
(그는 뇌물 수수 혐의로 수사를 받고 있었다.)

1425 **brisk**   활발한, 기운찬
The old man was walking at a brisk pace.
(그 노인은 활기찬 모습으로 걷고 있었다.)

1426 **calculate**   계산하다, 어림하다
Who calculated these figures? (누가 이 숫자들을 계산했나요?)

1427 **candidate**   후보자, 지원자
The candidate made an acceptance speech.
(그 후보는 수락 연설을 했다.)

탑보카 시험장어휘

06. 기출 및 필수어휘

1428 **certificate** 증명서
a birthday certificate (출생증명서)

1429 **channel** 해협, 수로, (방송) 채널
On a clear day the island could be seen across the channel.
(맑은 날에는 해협 건너편으로 그 섬이 보였다.)

1430 **chant** 노래, 부르다, 슬로건
The chant was a Gregorian chant. (그 노래는 그레고리오 성가였다.)

1431 **charity** 자애, 자선
She donated three million won to a charity.
(그녀는 자선사업에 3백만 원을 기부했다.)

1432 **clockwise** 시계 방향의
He told the children to start moving clockwise around the room. (그는 아이들에게 방을 시계방향으로 돌기 시작하라고 말했다.)

1433 **colony** 식민지, 집단 부락
Once India was a colony of England. (한때 인도는 영국의 식민지였다.)

1434 **communism** 공산주의
the collapse of communism in Eastern Europe
(동유럽에서의 공산주의 붕괴)

1435 **commute** 교환하다, 통근하다
Ms. Hazuki commutes to Osaka everyday.
(하즈키씨는 매일 오사카로 통근을 한다.)

CHAPTER 06 기출 및 필수어휘

1436 compatible 양립하는, 호환 가능한
In the U.S., no cell phone is compatible with every wireless network. (미국에서 모든 무선 네트워크와 호환되는 휴대폰은 없다.)

1437 compensate ~에게 보상하다, 보충하다
Nothing can compensate for the loss of a mother.
(어떤 것도 어머니를 잃은 것을 보상할 수는 없다.)

1438 consequently 결과적으로
He broke his back and was consequently confined to a wheelchair. (그는 등을 다쳐서 결국 휠체어 생활을 하도록 제한받았다.)

1439 conspiracy 공모, 음모
The two men are accused of conspiracy.
(그 두 남성은 음모를 꾸민 혐의로 기소되었다.)

1440 conviction 신념, 확신, 유죄 판결
We had an absolute conviction that we were right.
(우리는 우리가 옳았다는 절대적인 확신을 가지고 있었다.)

1441 corridor 복도
Turn left at the end of the corridor. (복도 끝에서 왼쪽으로 가세요.)

1442 cosmetic 화장품
Cosmetics is a billion dollar industry.
(화장품은 10억 달러 규모의 산업이다.)

1443 crawl 네 발로 기다, 천천히 가다
A woman is crawling in the grass. (한 여자가 잔디밭을 기어가고 있다.)

1444 **creep** 기다, 살금살금 걷다
Danger creeps nearer. (위험이 시시각각 다가온다.)

1445 **decimal** 십진법의
What they adopted was the decimal classification.
(그들이 채택한 것은 십진법을 이용한 분류법이었다.)

1446 **democracy** 민주주의
The author seems to view British system as a paragon of democracy. (작가는 영국 체제를 민주주의의 모범으로 보는 것 같다.)

1447 **deserve** ~할 만하다, 받을 가치가 있다
He deserves the highest praise for his bravery.
(그는 그의 용기에 대해 최고의 찬사를 받을 만하다.)

1448 **destined** ~할 운명인
He was destined from birth to be a doctor.
(그는 태어날 때부터 의사가 될 운명이었다.)

1449 **deteriorate** 나쁘게 하다, 악화시키다
We should not deteriorate the quality of education.
(우리는 교육의 질을 악화시키면 안 된다.)

1450 **devastate** 파괴(황폐화)하다, 압도하다
The whole area was devastated by the flooding.
(모든 지역이 홍수로 인해 황폐화되었다.)

1451 **diagnose** 진단하다
His condition was diagnosed as some sort of blood disorder. (그의 상태는 일종의 혈액 장애라고 진단되어졌다.)

CHAPTER 06 기출 및 필수어휘

1452 **diaper** 마름모, 기저귀
He is buying some diaper for his own baby.
(그는 그의 아기를 위해 기저귀 몇 개를 사고 있다.)

1453 **dissolve** 녹이다, 용해시키다, 해체시키다
Dissolve two spoons of powder in warm water.
(따뜻한 물에 두 스푼의 가루를 용해시키시오.)

1454 **distort** 비틀다, 왜곡하다
He distorted my intention. (그는 나의 의도를 왜곡했다.)

1455 **divert** 돌리다, 전환하다
The flow of the river was diverted from east to south.
(강물의 흐름이 동쪽에서 남쪽으로 전환되었다.)

1456 **drought** 가뭄, 한발
There was a prolonged drought last summer.
(작년 여름에는 가뭄이 장기간 지속되었다.)

1457 **duty-free** 면세의
duty-free shop (면세점)

1458 **dwindle** 줄다, 작게 하다
Profits dwindled by 20 percent. (이익은 20% 감소했다.)

1459 **editorial** 사설, 편집의
The editorial was biased and unfair.
(그 사설은 편견에 차 있으며 부당하다.)

1460 **elegant** 기품 있는, 우아한

We offer elegant five-star feasts, poolside barbecues, and midnight buffets. (저희는 최고급 별미 요리, 풀 사이드에서 벌어지는 바비큐 파티, 그리고 한밤의 뷔페를 제공합니다.)

1461 **encounter** 우연히 만나다, 조우

I encountered an old friend on the street.
(나는 길에서 우연히 옛 친구와 마주쳤다.)

1462 **equivalent** 동등한, ~에 상당하는

These two diamonds are equivalent in value.
(이 두 개의 다이아몬드는 동등한 값어치를 지니고 있다.)

1463 **evacuate** 피난시키다, 비우다

The entire building was evacuated. (빌딩 전체가 텅 비워졌다.)

1464 **exceptional** 예외적인, 특별한

She was an exceptional teacher. (그녀는 보통 선생님이 아니었다.)

1465 **exclusive** 배타적인, 독점적인

Exclusive Economic Zone (EEZ : 배타적 경제 수역)

1466 **exhibition** 전람, 전시회

They held an exhibition of antique cars.
(그들은 구식 차 전시회를 개최했다.)

1467 **external** 외부의, 표면의, 대외적인

They were incessantly exposed to external aggressions.
(그들은 외부의 침략에 끊임없이 노출되었다.)

CHAPTER 06 수능기출 및 필수어휘

1468 **financial**   재정(상)의, 금융의
Scholarship is given solely on the basis of financial need.
(장학금 수여는 오로지 재정적 필요만이 고려된다.)

1469 **flee**   달아나다, 피하다
The men are fleeing the crowd. (남자들이 군중들로부터 도망치고 있다.)

1470 **flexible**   구부리기 쉬운, 융통성이 있는
It was a flexible plan. (그것은 융통성 있는 계획이었다.)

1471 **fluent**   유창한, 부드러운
He speaks fluent English. (그는 유창한 영어를 구사한다.)

1472 **fragile**   깨지기 쉬운, 허약한
The artifact was very fragile. (그 유물은 손상되기 쉬운 것이었다.)

1473 **gasp**   헐떡거리다, 숨이 막히다
He gasped for breath after a long run.
(그는 오래 달리기 후에 숨을 헐떡거렸다.)

1474 **genuine**   진짜의, 진심의
This is a genuine leather. (이것은 진짜 가죽이다.)

1475 **glimpse**   흘끗 봄
We caught a glimpse of the house as we drove by.
(우리는 차타고 지나가면서 그 집을 힐끗 쳐다보았다.)

1476 **grasp**   붙잡다, 납득(이해) 하다
I grasped him by the arm. (나는 그의 팔을 붙잡았다.)

1477 **grateful** 감사하는, 기분 좋은
We sent him a grateful letter. (우리는 그에게 감사의 편지를 보냈다.)

1478 **grin** 씩 웃다
He flashed a broad grin at us. (그는 우리에게 벙글벙글 웃어 보였다.)

1479 **grind** 갈다, 가루로 만들다
The wheels grind it very coarse. (그 바퀴는 그것을 아주 굵게 간다.)

1480 **hollow** 속이 빈
The tree is hollow. (그 나무는 속이 비어있다.)

1481 **hostage** 볼모, 인질, 담보
I was taken as a hostage by the gunmen.
(나는 갱들에게 인질로 잡혔다.)

1482 **identical** 동일한, 일란성의
The contents of these books are identical with that book.
(이 책들의 내용은 저 책과 같다.)

1483 **immunity** 면역(성), 면제
Birds in outside cages develop immunity to airborne bacteria. (실외 새장에 있는 새들은 공기 전염을 통한 세균에 대한 면역을 기른다.)

1484 **impair** (건강 등을) 해치다
He thinks reading badly impaired his sight.
(그는 독서가 그의 시력을 심하게 저하시켰다고 생각한다.)

1485 **impulse** 추진(력), 충동
He bought the car on impulse. (그는 충동적으로 그 차를 샀다.)

CHAPTER 06 기출 및 필수어휘

1486 **indulge**   만족시키다, 빠지다, 탐닉하다
He indulges himself with drugs.
(그는 스스로를 마약에 빠뜨렸다. = 중독되었다.)

1487 **inevitable**   피할 수 없는, 필연의
The collision was inevitable. (그 충돌은 피할 수 없었다.)

1488 **injection**   주입, 주사
What type of injections does a person need at 15 months?
(15개월 된 아이는 어떤 종류의 주사를 맞을 필요가 있는가?)

1489 **insult**   모욕하다
He insulted me by calling me a liar.
(그는 나를 거짓말쟁이라고 부르며 모욕했다.)

1490 **intact**   손상되지 않은, 원래대로의
The church was destroyed in the bombing, but the altar survived intact. (폭격으로 교회는 파괴되었지만, 제단은 온전히 남아 있었다.)

1491 **intervene**   끼어들다, 방해하다, 조정(개입) 하다
Nothing intervened throughout the meeting.
(회의가 열리는 동안 아무런 방해(개입)도 없었다.)

1492 **intimate**   친밀한, (지식이) 깊은
He has become very intimate with a actress.
(그는 한 여배우와 매우 친해졌다.)

1493 **intricate**   복잡한, 난해한
The watch mechanism is very intricate and difficult to repair. (시계의 구조는 매우 복잡해서 수리하기가 어렵다.)

1494 investigation   조사, 연구

She is prosecuting a difficult investigation.
(그녀는 어려운 조사를 수행하고 있다.)

1495 irrelevant   부적절한, 관련 없는

If you can do the job well, your age is irrelevant.
(네가 일만 잘 할 수 있다면, 너의 나이는 상관없다.)

1496 justify   정당화하다

I hope you are able to justify yourself.
(나는 당신이 스스로를 정당화할 수 있기를 바란다.)

1497 largely   대부분, 주로

This theory has largely been discredited.
(이 이론은 대체로 불신되어져 왔습니다.)

1498 leak   새어 나옴, 새는 곳

The supervisor refills the oil, but hasn't fixed th leak.
(관리자는 기름은 채워 넣었지만, 누출부분은 수리하지 않았다.)

1499 liable   책임 져야 할, ~하기 쉬운

Glass is liable to break. (유리는 깨지기 쉽다.)

1500 liberal   자유주의의, 관대한, 대범한

She was born into the liberal intelligentsia.
(그녀는 자유주의적 지식인 계급에서 태어났다.)

1501 limb   수족(손발)

He was very tall with long limbs.
(그는 긴 팔다리를 가졌고 키가 컸다.)

CHAPTER 06 기출 및 필수어휘

1502 **lyrics** (노래의) 가사
I've written plays, music, and lyrics.
(나는 희곡을 써왔고 작곡, 그리고 작사를 해왔다.)

1503 **masterpiece** 걸작, 명작
This picture counts as a masterpiece. (이 그림은 걸작으로 여겨진다.)

1504 **merge** 합병하다, 점차~로 바뀌다
It won't be long before our company merges with your company. (우리 회사가 당신의 회사와 합병하는 것은 멀지 않은 일이다.)

1505 **miserable** 불쌍한, 비참한
What a miserable man! (참으로 불쌍한 사람이구나!)

1506 **misleading** 오해하기 쉬운
The article was misleading, and the newspaper has apologized. (그 기사는 오보여서 신문이 사과했다.)

1507 **mortgage** 저당, 융자
You can build funds for mortgage payoff, retirement or other goals.
(당신은 융자금 상환, 퇴직금이나 기타 목적을 위해 자금을 모을 수 있습니다.)

1508 **mutual** 서로(상호)의, 공통의
They had a mutual interest in rugby.
(그들은 럭비에 공통의 관심사를 가지고 있었다.)

1509 **naughty** 장난의, 버릇없는
His son is very naughty. (그의 아들은 굉장히 개구쟁이다.)

탑보카 시험장어휘

06. 기출 및 필수어휘

1510 **nostril** 콧구멍

We can breathe in and out through our nostrils of mouths.
(우리는 우리의 콧구멍이나 입을 통해 숨을 들이쉬고 내쉴 수 있다.)

1511 **numb** 마비시키다

My hands are numb with cold. (내 손은 추위로 마비되었다.)

1512 **obsession** 사로잡음, 강박관념

She's obsessed by what others think of her.
(그녀는 항상 남이 그녀를 어떻게 생각하는지를 신경 쓰고 있다.)

1513 **offset** 상쇄하는 것, 벌충, 분파(갈라짐)

Losses from declining sales have offset our gains from investments. (매출 하락으로 인한 손해는 투자 수익으로 상쇄되었다.)

1514 **outrageous** 난폭한, 터무니없는

I can't stand his outrageous drunken behavior.
(나는 술 취했을 때의 그의 난폭한 행동을 참을 수가 없다.)

1515 **patent** 특허를 따다, 특허

He owns several patents. (그는 몇 개의 특허권을 갖고 있다.)

1516 **pedestrian** 도보의, 보행자

The street signs are for motorists and pedestrians.
(도로 표지판은 운전자들과 보행자들을 위한 것이다.)

1517 **penetrate** 꿰뚫다, 통과하다

The bullet could not penetrate the wall.
(그 총알은 벽을 관통하지 못하였다.)

CHAPTER 06 기출 및 필수어휘

1518 **pension**   연금, 연금을 주다

You should claim your pension 3 or 4 months before you reach pension age.
(당신은 연금 받을 나이가 되기 3~4개월 전에 연금을 신청해야 한다.)

1519 **persistent**   고집하는, 영속하는

She was persistent in her effort to talk him into giving up the reckless plan.
(그녀는 그에게 무모한 계획을 그만 두도록 이야기 하려는 노력을 계속 하였다.)

1520 **phenomenon**   현상, 사건

natural phenomena such as lightning (번개와 같은 자연 현상)

1521 **prominent**   현저한, 저명한

She is a prominent politician. (그녀는 저명한 정치가이다.)

1522 **promising**   가망 있는, 유망한

This is the start of a promising era for our company.
(이 일은 우리 회사에게 있어 전도유망한 시대를 향한 첫 출발입니다.)

1523 **quote**   인용하다, 발췌하여 쓰다

The newspaper quoted unnamed sources it said were familiar with the details.
(그 신문은 세부 사항에 정통한 것으로 알려진 익명의 소식통을 인용했다.)

1524 **radiation**   방사선, 복사 에너지

Ultraviolet radiation from the sun is the number one cause of skin cancer worldwide.
(태양으로부터 나오는 자외선은 전 세계적으로 피부암의 가장 큰 원인이다.)

1525 **refugee**   피난민, 도피자
Conditions is the refugee camps were horrendous.
(난민 캠프의 상태는 소름 끼칠 만큼 비참했다.)

1526 **reluctant**   꺼리는, 마지못해하는
He was reluctant to ask for help. (그는 도움을 요청하기를 꺼렸다.)

1527 **reputation**   명성, 평판
She is a lawyer of good reputation. (그녀는 평판이 좋은 변호사이다.)

1528 **resent**   분개하다, 원망하다
I resent his being too arrogant. (나는 그가 지나치게 오만한 것에 분개한다.)

1529 **satellite**   위성, 인공위성(artificial~)
The satellite dish is mounted on the pole.
(위성방송 수신용 접시가 기둥 위에 설치되어 있다.)

1530 **shed**   뿌리다, 흘리다
The girl shed tears. (그 소녀는 눈물을 흘렸다.)

1531 **sophisticated**   정교한, 세련된, 순진하지 않은
a sophisticated new telescope (정교한 새 망원경)

1532 **souvenir**   기념품
The woman hasn't bought any souvenir yet.
(그 여자는 아직 기념품을 사지 않았다.)

1533 **starve**   굶주리다, 갈망하다
I would rather starve to death than steal.
(나는 도둑질을 하느니 차라리 굶어 죽겠다.)

CHAPTER 06 기출 및 필수어휘

1534 **statistics**   통계(표), 통계학(단수취급)
official statistics about wage increases
(임금 상승에 관한 공식적 통계)

1535 **stereotype**   고정관념, 판에 박힌 표현
Now we have set up our own company, let's not be trapped by stereotypical views.
(지금 우리는 우리 스스로의 회사를 가졌으므로, 고정관념에 사로잡히지 않도록 합시다.)

1536 **stumble**   넘어지다, 비틀거리다
The tired old man stumbled along. (그 지친 노인은 비틀거리며 걸었다.)

1537 **subtle**   미묘한, 희미한
Some subtle odors are hard to recognize.
(몇 가지 미묘한 냄새들은 알아차리기 어렵다.)

1538 **subtract**   빼다, 공제하다
Subtract 2 from 10 and you have 8. (10으로부터 2를 빼면 8이 남는다.)

1539 **torture**   고문, 심한 고통, 고민
The torture failed to break their spirit.
(고문도 그들의 정신을 꺾지는 못했다.)

1540 **transparent**   투명한
Window glass is transparent. (유리창은 투명하다.)

1541 **ultimately**   최후에, 궁극적으로
The struggle will ultimately succeed. (노력은 결국 성공하게 될 것이다.)

탑보카 시험장어휘

06. 기출 및 필수어휘

1542 **universal**   우주의, 보편적인, 세계 공통의

Music and Sport have a universal appeal.
(음악과 스포츠는 보편적인 매력이 있다.)

1543 **verdict**   평결, 판단

The jury brought in a verdict of guilty.
(배심원단은 유죄 평결을 내렸다.)

1544 **vertical**   수직의, 세로의

Floors are horizontal and wall are vertical.
(바닥들은 평평하고 벽들은 수직이다.)

1545 **weird**   수상한, 섬뜩한, 기묘한

There was something weird about the incident.
(그 사건에는 뭔가 기이한 부분이 있었다.)

1546 **would-be**   ~이 되려고 하는, ~지망의

The shopkeeper made the would-be shoplifter put the merchandise back.
(그 점장은 절도 용의자에게 상품을 원래 위치로 되돌려 놓도록 했다.)

POWER VOCABULARY

POWER VOCABULARY